ACOPLAMENTARIUM

Primeira Década

Lilian Zolet & Guilherme Kunz (Orgs.)

ACOPLAMENTARIUM

Primeira Década

O PRIMEIRO LABORATÓRIO GRUPAL DO PLANETA
PARA O DESENVOLVIMENTO PARAPSÍQUICO

EDITARES

Foz do Iguaçu – PR
2013

Capa: Valesca Ferreira.
Revisão: Equipe de Revisores da Editares.
Produção Editorial: Epígrafe Editorial e Gráfica Ltda.
Impressão: Edelbra Editora e Gráfica Ltda.

Dados Internacionais de Catalogação na Publicação (CIP):

Acoplamentarium : primeira década : o primeiro laboratório grupal do planeta para o desenvolvimento parapsíquico / Lilian Zolet e Guilherme Kunz (orgs.) – Foz do Iguaçu : Associação Internacional Editares, 2013.

108 p. ; fotog.

ISBN 978-85-98966-71-7 (broch.)

Inclui bibliografia

1. Conscienciologia. 2. Parapercepciologia. I. Título.

CDD 133

Tatiana Lopes CRB 9/1524

Associação Internacional Editares
Av. Felipe Wandscheer, 5.100, sala 107, Cognópolis
Foz do Iguaçu, PR – Brasil – CEP: 85856-530
Tel/Fax: 45 2102 1407
E-mail: editares@editares.org.br – Website: www.editares.org.br

ORGANIZADORES

Lilian Zolet
Guilherme Kunz

COLABORADORES

Adriana Chalita
Eduardo Azevedo
Flávio Buononato
Jarbas Paranhos
Meracilde Daroit
Tânia Guimarães

AGRADECIMENTOS

Ao longo da primeira década do *Acoplamentarium,* foram muitas as personalidades contribuintes para a realização das 115 turmas efetivadas entre fevereiro de 2003 e fevereiro de 2013.

Diante disso, agradecemos aos alunos, professores e epicentros conscienciais dedicados às experimentações parapsíquicas e à assistência grupal realizada no laboratório.

Em especial ao arquiteto e epicon Everton Santos, quem, através do detalhismo, da criatividade, do esforço e da autodeterminação, conseguiu materializar o laboratório.

Aos antigos e atuais coordenadores do *Acoplamentarium:* Marília Sant'Anna, Cristina Arakaki, Mabel Teles, Wildenilson Sinhorini, Flávio Buononato e Amin Lascani, nossa gratidão pela liderança interassistencial.

Aos alunos do curso *Pilares do Parapsiquismo* e da primeira turma do *Acoplamentarium* pelo investimento energético e financeiro.

Aos revisores, Adriana Chalita, Adriana Lopes, Cristiane Ferraro, Everaldo Bergonzini, Ivone Cubarenco, Laurentino José, Jarbas Paranhos, Mabel Teles, Milena Mascarenhas, Miriam Kunz, Pedro Fernandes, Roberto Almeida e Rosemary Salles pela visão crítica e interlocuções produtivas.

À Epígrafe Editorial e Livraria, e à Editares, em especial a Ernani Brito e Tony Musskopf pela amparabilidade, profissionalismo, dedicação e incentivo à escrita conscienciológica.

Ao Flávio Buononato, pela amizade e tecnicidade apresentada na compilação e análise estatística do laboratório.

Às epicons Cristina Arakaki e Kátia Arakaki, pelo inexorável amparo a estes organizadores e às pesquisas parapsíquicas.

A Fabiana Carvalho, Francisco Mauro, Giuliano Branco, Moacir Gonçalves, Simone Di Domenico, Valesca Ferreira e Wildenilson Sinhorini, pelas fotos, e Pedro Marcelino, pelas ilustrações.

Aos voluntários do *Centro de Altos Estudos da Conscienciologia* (CEAEC), em especial ao coordenador geral, Phelipe Mansur, pelo apoio a esta publicação.

Aos incansáveis amparadores, potencializadores dos talentos personalíssimos dos participantes do laboratório, favorecendo as renovações íntimas para maior êxito na realização da *programação existencial,* proéxis. Em especial à Rose Garden, *paracoordenadora* deste laboratório.

Ao professor Waldo Vieira, propositor do *Acoplamentarium,* pelo exemplarismo cosmoético e obstinação na realização da *tares,* tarefa do esclarecimento.

Os Organizadores

SUMÁRIO

3
ACOPLAMENTARIUM

APRESENTAÇÃO

Este livro comemorativo da *Primeira Década do Acoplamentarium* objetiva apresentar os resultados e a trajetória histórica do *Primeiro Laboratório Grupal do Planeta* destinado ao desenvolvimento lúcido do parapsiquismo, além de homenagear todas as consciências, intrafísicas e extrafísicas, envolvidas direta e indiretamente no planejamento, estruturação, construção e manutenção deste empreendimento interassistencial.

O *Acoplamentarium* tem a finalidade de auxiliar no aprimoramento do parapsiquismo lúcido e sadio, sem conotações místicas, tabus, rituais e dogmas e representa verdadeiro marco histórico dentro dos estudos da Parapercepciologia e da Experimentologia.

O laboratório conta com estrutura física otimizada para as experimentações parapsíquicas. Dentre os fatores potencializadores das parapercepções dos participantes do curso destaca-se a abundância de energias da natureza, a exemplo da rica vegetação ao redor do *Acoplamentarium,* auxiliando na realização dos fenômenos parapsíquicos.

Outro fator otimizador é a abordagem técnica, empregada nos experimentos laboratoriais, onde é possível aferir, durante os campos bioenergéticos, a temperatura, a umidade e a iluminação do ambiente laboratorial. Esse aspecto técnico é importante para verificar, durante os experimentos parapsíquicos, a correlação entre as variáveis intrafísicas e extrafísicas.

Dentre os fenômenos parapsíquicos experimentados no laboratório o principal é a *clarividência.* A clarividência é faculdade da paravisão, ou seja, a percepção visual de eventos ou realidades além da dimensão material a exemplo da aura das pessoas, de paraobjetos e consciências extrafísicas.

Outro fenômeno amplamente estudado e experimentado é o *acoplamento energético,* ou seja, a averiguação dos mecanismos e das consequências das interfusões energéticas entre duas ou mais pessoas. A troca de energias entre as pessoas ocorre naturalmente no dia a dia, em casa, no trabalho, no trânsito, ou seja, a todo o momento. Porém, a grande maioria da população ainda não compreende o funcionamento dessa interação, ocasionando descompensações energéticas, ou seja, desconforto ou mal-estar. Tendo em vista esta necessidade, o laboratório *Acoplamentarium,* tal como seu próprio nome indica, é destinado para as práticas dos acoplamentos energéticos auxiliando as pessoas na compreensão e domínio das próprias energias conscienciais e, por sua vez, na superação das descompensações energéticas ainda ignoradas pela maioria.

Uma característica única do *Acoplamentarium* é o fato de o laboratório ser grupal, sendo possível a participação simultânea de até 65 pessoas por experimento. Esse agrupamento de experimentadores interessados pelos temas do parapsiquismo potencializa a formação de ambiente bioenergético propício aos fenômenos, facilitando o processo da clarividência facial.

Cabe ressaltar que o estudo e a vivência dos fenômenos parapsíquicos é apenas o meio para o objetivo prioritário: *a interassistência entre consciências intrafísicas e extrafísicas.* Não é propósito do laboratório produzir fenômenos bioenergéticos somente para contemplação. O essencial no desenvolvimento do parapsiquismo é a maturidade consciencial e interassistencial a qual ultrapassa o fenômeno em si, colocando o foco no conteúdo e não apenas na forma.

O curso conta com equipe de professores experientes da Conscienciologia para orientar, esclarecer e auxiliar o aluno a compreender e a utilizar o parapsiquismo no processo da autopesquisa, ou seja, na pesquisa multidimensional, autocomprobatória sobre a realidade íntima, favorecendo o conhecimento mais aprofundado dos traços, tendências, talentos e potenciais pessoais.

O princípio norteador da pesquisa laboratorial é dada pela autoexperimentação das bioenergias geradas pelos acoplamentos, nos quais o aluno – cientista de si mesmo – vivencia os fatos e parafatos analisando e estabelecendo as próprias conclusões.

Instigar a criticidade dos participantes é outro desafio do curso, incentivando o debate acima dos apriorismos e tabus, fortalecendo a autocientificidade a partir do Princípio da Descrença – *"Não acredite em nada, nem no que explicamos neste laboratório, tenha suas próprias experiências"*. Fomentando assim, a profilaxia contra o *véu* do misticismo e obscurantismo, os quais, por séculos, obstruiu a investigação clara e a divulgação franca dos achados das pesquisas parapsíquicas.

Sob a ótica da Conscienciologia, o prioritário para a pesquisa da consciência é a autoexperimentação lúcida com discernimento. A autocriticidade nos experimentos e nos debates é importante para evitar a imaginação fantasiosa, um fator limitador do parapsiquismo lúcido.

A intenção de criar este material ilustrado é fixar um registro visual, histórico e multidimensional da primeira década de atividades do laboratório *Acoplamentarium* no *Centro de Altos Estudos da Conscienciologia* – CEAEC.

Na seção inicial, o livro apresenta as Ciências Conscienciologia e Projeciologia propostas pelo médico, pesquisador e enciclopedista Waldo Vieira contextualizando as principais linhas de conhecimento dedicadas ao estudo do parapsiquismo desde os primórdios da história humana até os avanços do presente século.

Na segunda seção, o leitor encontra informações sobre o CEAEC, localizado na cidade de Foz do Iguaçu, PR, Brasil, sendo Instituição Conscienciocêntrica sede do laboratório *Acoplamentarium.*

A seção seguinte é dedicada ao histórico do *Acoplamentarium,* às técnicas energéticas e parapsíquicas aplicadas pelos participantes do laboratório. Os leitores também terão a oportunidade de compreender a abrangência dos trabalhos realizados no curso através das pontoações dos dados estatísticos alcançados ao longo desses 10 anos. No útimo capítulo são apresentadas algumas reflexões, metas e objetivos para o *Acoplamentarium* nos próximos anos.

Boa leitura.

Lilian Zolet & Guilherme Kunz

1

Pesquisa da Consciência

Tertúlia Conscienciológica.
Foto: Wildenilson Sinhorini, 2013

CONSCIENCIOLOGIA

A *Conscienciologia* é a ciência que estuda a consciência (também conhecida por *self*, ego, ser ou alma) inteira, com todos os seus corpos, existências e experiências em abordagem integral e autoconsciente em relação às múltiplas dimensões existenciais.

Já a *Projeciologia* é subcampo ou especialidade da Conscienciologia, que objetiva o estudo da consciência através da manifestação lúcida além do corpo físico. Esta especialidade também investiga diversos fenômenos parapsíquicos tais como: experiência da quase-morte (EQM), clarividência, telepatia, precognição, retrocognição, psicometria, entre outros.

A projeção consciente humana, alcançada e vivida por milhões de pessoas, mantém-se ainda desconhecida para a Filosofia moderna.

Tal fenômeno é um fato inevitável, pois toda pessoa, homem ou mulher, consegue projetar-se para fora do corpo humano mesmo sem lucidez.

Paradigma Consciencial

O modelo científico das ciências Conscienciologia e Projeciologia é fundamentado no paradigma consciencial, a partir do qual o indivíduo estuda a si mesmo e as demais consciências, levando em consideração o parapsiquismo, ou seja, as percepções além dos 5 sentidos básicos do corpo humano, as experiências relativas às vidas pretéritas (seriéxis ou serialidade existencial) e o intervalo entre uma existência humana e outra (intermissão).

Projeção da Consciência.
Foto: comunicação IIPC, 2012.

Vieira (1994, p. 92) discrimina 30 divergências entre o *paradigma consciencial* e o *paradigma convencional,* dentre as quais as 10 listadas na tabela a seguir:

Paralelo entre Paradigma Consciencial e Paradigma Convencional

Nº	Paradigma Consciencial	Paradigma Convencional
01.	Auto e heteroconsciencialidade.	Materialidade ou intrafisicalidade apenas.
02.	Autoexperimentação persuasiva.	Heteropersuasão.
03.	Requer autoexperimentações.	Replicabilidade em laboratório.
04.	Ciência-padrão: Conscienciologia.	Ciência-padrão: Física.
05.	Teoria e prática vivencial (autoexemplarismo).	Pesquisas não-participativas.
06.	Valorização do parapsiquismo útil.	Supervalorização da tecnologia.
07.	Princípio da descrença.	Princípio na crença do elétron.
08.	Modelo Conscienciocêntrico.	Princípio Antropocêntrico.
09.	Bioenergética autoconsciente vivida.	Psicomotricidade, percepções mentais.
10.	Causas extrafísicas nas pesquisas.	Causas intrafísicas nas pesquisas.

A ciência Conscienciologia estuda a consciência a partir dos seguintes fatores, listados na ordem alfabética:

01. **Autopesquisa.** A pesquisa da consciência está embasada na autoexperimentação. Dentre as ferramentas condutoras ao autoconhecimento está a projeção consciente (experiência fora do corpo).

02. **Energossomática.** O estudo do energossoma – o corpo energético – ocorre através da compreensão do funcionamento dos fulcros de energia (chacras), considerando as influências das energias imanentes (Natureza, Cosmos) e energias conscienciais (dos indivíduos), além das percepções cerebrais registradas a partir dos sentidos físicos.

03. **Cosmoética.** O paradigma consciencial está fundamentado na Cosmoética ou moral cósmica – princípio mais amplo se comparado à ética e à moral humana – considerando as múltiplas vidas, as relações interpessoais, a qualidade dos pensamentos, sentimentos, energias e suas respectivas repercussões.

04. **Descrença.** As ciências Projeciologia e Conscienciologia são regidas pelo *princípio da descrença,* descrito pela sentença: *"Não acredite em nada, nem mesmo nas informações expostas neste livro, ou em qualquer outro lugar. Experimente. Tenha suas próprias vivências, reflita, refute. O mais inteligente é fazer a própria pesquisa pessoal".*

05. **Holossomática.** O estudo do *holossoma,* ou seja, o conjunto dos corpos ou veículos de manifestação da consciência constituídos pelo soma (corpo físico), energossoma (corpo das energias), psicossoma (corpo das emoções) e mentalsoma (corpo do discernimento).

06. **Multidimensionalidade.** A admissão de múltiplas dimensões de manifestação da consciência, autocomprovadas principalmente através das projeções conscientes fora do corpo físico.

07. **Serialidade.** A consideração da serialidade existencial, a existência de múltiplas vidas, intercaladas com os chamados períodos intermissivos.

08. **Parapsiquismo.** O estudo do parapsiquismo compreende as percepções além dos sentidos físicos, a exemplo da clarividência, clariaudiência, psicometria e projetabilidade lúcida, entre outras dezenas de fenômenos.

09. **Universalismo.** A abordagem universalista, visando compreender a interdependência entre todos os seres vivos. Diante desta premissa, o bairrismo, o nacionalismo exacerbado, os precon-

ceitos de todos os tipos, as fronteiras entre pessoas e países, perdem o sentido.

10. **Verpons.** As descobertas, hipóteses e teorias da Conscienciologia formam conjunto de *verdades relativas de ponta* (verpons), realidades novas e prioritárias passíveis de refutação, aprofundamento e discussão.

Tais princípios conscienciológicos não são utópicos nem apenas teóricos. Atualmente existem 20 instituições no Brasil e exterior (Ano-base: 2013), cujos objetivos e modelos organizacionais estão fundamentados no paradigma consciencial, denominadas *Instituições Conscienciocêntricas* (ICs).

As ICs são organizações científicas, sem fins lucrativos, não-governamentais, apartidárias e não-religiosas, voltadas para o ensino e pesquisa da Conscienciologia e mantidas por voluntários das mais diversas culturas e origens, interessados na ampliação do saber e na produção de conhecimentos relativos a evolução da consciência.

Diversas dessas ICs possuem sede em Foz do Iguaçu, PR, cidade com circunstâncias sociais e ambientais favorecedoras ao avanço da ciência Conscienciologia. A reunião destas instituições conscienciocêntricas na mesma região permitiu a criação da *Cognópolis* Foz do Iguaçu.

Voluntários da Conscienciologia, *Campus* CEAEC, 2007.
Foto: Valesca Ferreira.

Ruínas do *Tholos* de Delfos, Grécia.
Foto: Napoleon Vier, 2005.

HISTÓRIA DO PARAPSIQUISMO*

A capacidade da consciência explorar realidades além dos sentidos físicos é natureza inerente aos seres humanos, e vem se manifestando ao longo de milhões de anos, em diferentes civilizações, sob influência de múltiplas culturas e contextos, conforme veremos neste capítulo.

O estudo do parapsiquismo se perde nos eons imemoriais do homem primitivo nômade até o Paleolítico (2 milhões a 10.000 a.e.c.), caracterizando-se pela capacidade de certos indivíduos sensitivos de encontrar nascentes de água, locais propícios para a caça e prever perigos através de uma atávica psicometria rudimentar.

O parapsiquismo propriamente dito começa a se institucionalizar no Neolítico (10.000 a 4.000 a.e.c.), com o fim do nomadismo propiciado pelo desenvolvimento da agricultura e fixação geográfica do sensitivo (xamã) constituindo em sua moradia protótipo do local de poder sagrado, antecipando os primeiros templos.

A importância social do xamã aumenta na proporção em que se acrescenta às suas habilidades o poder da cura, os primeiros relatos de experiências fora do corpo, o encaminhamento das almas dos mortos e, principalmente, sua mediação entre as forças da Natureza, representada por deuses antropomórficos suscetíveis de serem manipulados mediante rituais específicos de conhecimento exclusivo do xamã, e as necessidades de grupos humanos, sedentários e dependentes da fertilidade do solo e da abundância de caça próxima ao clã.

---

*Texto de Jarbas Paranhos (com adaptações).

Com esta informação de fundamental importância ao clã concentrada no xamã e o poder político dela originada, se impõe o problema da sua sucessão e a escolha daquele a quem transmitirá seu conhecimento e habilidades. Nascem rudimentares "escolas de parapsiquismo", que evoluiriam aos templos, e com elas as Iniciações, visando encontrar o mais apto e com inatas predisposições parapsíquicas para suceder o xamã, a partir deste ponto denominado sacerdote.

Na Idade do Bronze (por volta do 3º milênio a.e.c.) inicia-se a construção dos primeiros templos na Suméria (os *ziguratb*), no Egito (a esfinge e as primeiras pirâmides), na Europa *(Stonehenge)*. Estima-se que entre 3.000 e 2.000 a.e.c. iniciam os primeiros estudos sistemáticos dos ciclos cósmicos ou sincronicidades, principalmente na Astrologia dos caldeus e na China, com o mítico Fu Hsi equacionando as relações cíclicas do princípio da dualidade, *yin* e *yang*, nos oito trigramas básicos, que evoluiriam posteriormente aos 64 hexagramas do *I Ching* nos trabalhos do rei Wen e de seu filho, o Duque de Chou (século XI a.e.c.), influenciando todo o pensamento chinês até Lao Tsé (século VI a.e.c.) e Confúcio (551–479 a.e.c.), a quem são atribuídos os comentários ao *I Ching*, chamados de "As Grandes Asas". Nesta mesma época os *rishis* (sábios videntes) da Índia iniciam os escritos védicos com profundos *insights* sobre a cosmogonia, estudo dos chacras (Energossomatologia) e das vidas passadas (Seriexologia).

No Egito floresce, amparada pela fartura agrícola das margens férteis do Nilo e de grandes períodos de relativa paz proporcionado pelo isolamento geográfico, a civilização que mais incorporou o parapsiquismo, desde suas vivências cotidianas até seus mais secretos rituais sagrados. Tudo na vida do povo egípcio evocava o intercâmbio multidimensional e os deuses (consciexes) que os mediavam. Praticamente todos os principais aspectos do desenvolvimento parapsíquico foram estudados e praticados sob orientação dos hierofantes em seus templos. Em nenhuma outra civilização a casta sacerdotal atingiu tal prestígio e hegemonia política como ocorreu no Egito. O sacerdote de Hórus era responsável por trazer a informação das consciexes (deuses), através da projeção lúcida, que orientava o faraó na condução de seu governo. A medicina, como poucas vezes na antiguidade e até o renascimento, atingiu tamanho desenvolvimento. A influência do Egito se estende por toda história ocidental quando observamos que é nela que *bebem* os cultos órficos dos gregos, onde Pitágoras (571–497 a.e.c.) estudou com hierofantes influenciando toda filosofia posterior. Moisés (1391–1271 a.e.c.), que era egípcio, foi iniciado nesses templos e quando retirou o povo hebreu do Egito, levou também os conhecimentos ali adquiridos, renovando os aspectos esotéricos da tradição judaica ou cabala, abrindo-a a profundos *insights* sobre vários aspectos transcendentes.

Têmis e Egeu. Kylix, 440-430 a.e.c.
Crédito: Eduard Gerhard, 1846.

Na Grécia, filha das influências, principalmente egípcias, no trato do parapsiquismo, vemos nascer, já no período minoico, os cultos órficos que, em sua essência, visavam através de um ascetismo direcionado ao desenvolvimento parapsíquico, à autoconscientização multidimensional (AM) e à assistência realizada para conscins e consciexes, bem como os primeiros oráculos, dedicados primeiramente a deuses ligados à agricultura e posteriormente a deuses de sabedoria, como o Oráculo de Apolo em Delfos, onde as orientações eram dadas pelas pitonisas, mulheres sensitivas que, em transe relatavam as predições aos consulentes dadas pelas consciexes. Não tanto como ocorreu no Egito, os gregos também pautavam seu cotidiano pelo parapsiquismo caracterizado pelos sacrifícios aos deuses e consultas a sensitivos (sibilas). Os cidadãos gregos podiam passar por uma iniciação onde se buscava a conscientização multidimensional através de fenômenos parapsíquicos proporcionados pelos epoptas iniciados nos Mistérios de Elêusis. Praticamente todos os reis gregos e a maioria dos imperadores romanos passaram por tais iniciações. Platão (427–347 a.e.c.), Sócrates (469–399 a.e.c.), Apolônio de Tiana (2 a.e.c.–98 e.c.) e vários outros lá se iniciaram nos mistérios e a eles reverenciavam.

Sibila de Cumas, Andrea del Castagno (1420–1457).

Roma pode ter conquistado militarmente a Grécia, mas foi esta que conquistou Roma culturalmente. Isso também se deu no campo do parapsiquismo. As principais escolas parapsíquicas romanas foram diretamente derivadas das gregas, principalmente o Neopitagorismo representado, sobretudo por Apolônio de Tiana e o Neoplatonismo de Plotino (205–270 e.c.), Amônio Saccas (175–242 e.c.) e Jâmblico (245–325 e.c.).

O médico Apolônio, natural de Tiana, na Capadócia (Turquia), que viveu no século I e.c., apesar de ser classificado como sendo pitagórico e realmente ter praticado as disciplinas desta escola toda sua longa vida (estima-se que tenha vivido entre 98 a 102 anos), foi profundamente influenciado pelo orientalismo da Índia, para onde viajou e de onde partiu para constantes viagens aos maiores templos iniciáticos, os quais já se encontravam em profunda decadência em sua época. Apresentava uma força presencial notável e praticamente todos os tipos de parapercepções conhecidas, notadamente a de cura, a precognição e a clarividência. Foi conselheiro de imperadores romanos e perseguido por Nero (37–68 e.c.) e Domiciano (58–96 e.c.). Sua biografia ofuscava a de Jesus de Nazaré (6 a.e.c–30 e.c.), de quem foi contemporâneo, no Cristianismo nascente e, devido a isso, foi proscrito e apagado da História pela Igreja Católica. Algumas de suas obras foram conservadas por alquimistas árabes sobre o pseudônimo de Balinus e desta forma chegando ao Renascimento, incorporado ao *Corpus Hermeticus* traduzido por Marsílio Ficino (1433–1499 e.c.) no Século XV.

Plotino, discípulo de Amônio Saccas, foi um renomado filósofo do século III que atingiu a notoriedade em vida, tendo por discípulos senadores e imperadores romanos, e seus filhos, e também apresentava um vasto espectro de manifestações parapsíquicas, tendo mesmo relatado algumas vivências de cosmoconsciência, ou seja, condição ou percepção interior da consciência do Cosmos, da vida e ordem do Universo, tornando-se una com ele. Criou uma escola que influenciou vários filósofos posteriores, a exemplo de Porfírio (232–304 e.c.), Jâmblico (245–325 e.c.) e Proclo (412–485 e.c.) tendo atingido alguns aspectos neoplatônicos da Escola de Alexandria, realçada principalmente pela figura notável de Hipátia de Alexandria (355–415 e.c.). Sua influência se estendeu ao Cristianismo, principalmente em seu aspecto monástico e ao Islamismo, através do Sufismo.

Neste ponto, com raras exceções, lamentavelmente o estudo do parapsiquismo ocidental mergulha nas trevas da Alta Idade

Conversa noite a dentro.
Fonte: *"Pentateuch of Printing with a Chapter on Judges".*
William Blades, 1891.

Média, com todo seu contexto de fanatismo e ignorância religiosa característica, em parte sendo responsável pelo desaparecimento do parapsiquismo pagão europeu. Mas em outra parte, muito dos aspectos mais racionais e pragmáticos deste parapsiquismo foram soterrados sob uma linguagem hermética de símbolos míticos em meio a panteões de numerosos deuses, indecifráveis sem a orientação de mistagogos que possuíssem as chaves de sua hermenêutica, lacradas pelo silêncio do segredo iniciático, apenas se perpetuando pelo valor literário e histórico de suas mitologias.

Apesar do foco deste texto ser o parapsiquismo ocidental, abriremos rápido parêntese a sua linha oriental que, em todo este período, teve grandes luminares no mundo antigo a exemplo de Zoroastro na Pérsia (século VII a.e.c.), Patânjali (200 a.e.c) na Índia, Sidarta Gautama, o Buda (563–483 a.e.c) no Nepal e as escolas Taoístas da China. Mesmo no auge da Alta Idade Média, no Oriente florescia dentro do Islamismo o Sufismo de Rabi'a al Adawiyya (713–801 e.c.), Ibn al Arabi (1165–1240 e.c.) entre outros, que influenciaram grandes pensadores medievais, inclusive Avicena (980–1037 e.c.) e Averróis (1126–1198 e.c.). No Tibete do Século XI, o Tantra Budista atingia seu ápice na escola Kagyupa de Naropa (1016–1100 e.c.), Marpa (1012–1097 e.c.) e Milarepa (1052–1135 e.c.). Na Índia do Século VIII, o grande erudito e sensitivo Shankaracharya (788–820 e.c.) buscava reformar o Vedanta.

Castelo de Carcassone, França.
Foto: Guilherme Kunz, 2010.

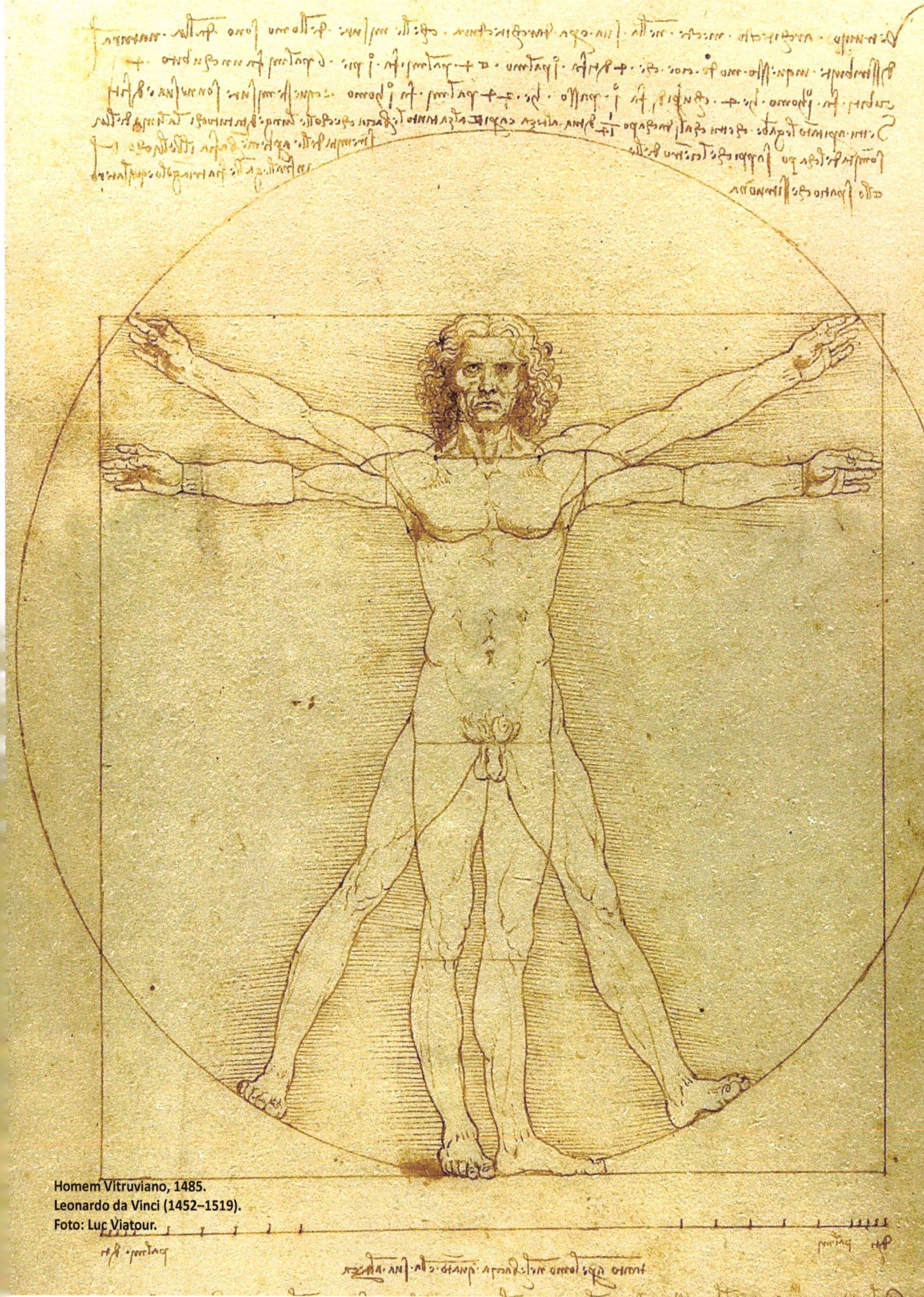

Homem Vitruviano, 1485.
Leonardo da Vinci (1452–1519).
Foto: Luc Viatour.

Mesmo dentro do catolicismo medieval vemos grandes sensitivos demonstrando várias manifestações parapsíquicas iguais a Francisco de Assis (1181–1226 e.c.), Hildegard von Bingen (1098–1179 e.c.), Teresa D'ávila (1515–1582 e.c.) e José de Cupertino (1603–1663 e.c.), entre outros, mas sempre com a mensagem do fenômeno poluída pela visão religiosa fanática, impedindo maiores aprofundamentos técnicos e racionais. Nos séculos XII e XIII a tentativa de reforma cátara no Languedoc francês também empregava alguns aspectos do parapsiquismo ostensivo, como exteriorização de energia para cura e desassédio, mas também, dentro de uma visão mística cristã. Os cátaros acabaram dizimados pela Igreja e suas técnicas se perderam.

Michel de Nostradamus.
Crédito: Aimé de Lemud, 1840.

O Humanismo e sua consequência mais direta, o Renascimento dos séculos XV e XVI deve muito de sua força à redescoberta e desenvolvimento de três linhas de conhecimento, predominantemente parapsíquicas, que recolocaram o homem enquanto senhor de seu destino e criador de sua realidade, sobrepujando a submissão religiosa medieval, condensadas sob o termo de magia, que foram a alquimia, o hermetismo e a cabala.

A alquimia teve, entre suas fundadoras ocidentais, Maria, a Judia, no século III e.c. no Egito helenístico, sendo preservada e desenvolvida na Alta Idade Média por alquimistas árabes, entre eles Arthephius (1126–? e.c.), que se dizia seguidor de Apolônio de Tiana, atingindo o Renascimento nos trabalhos de Paracelso (1493–1541 e.c.), Conelius Agrippa (1486–1535 e.c.), Giordano Bruno (1548–1600 e.c.) e Michel de Nostradamus (1503–1566 e.c.), entre outros. Sua abordagem de manipulação de elementos químicos para vários propósitos está na origem da ciência moderna.

O Hermetismo ou *Corpus Hermeticus* é um conjunto de textos escritos entre os séculos I a.e.c e II e.c. buscando condensar os conhecimentos transcendentes egípcios, caldeus e gregos acrescidos da influência neopitagórica e neoplatônica. Um de seus textos, a Tábula Esmeraldina é atribuída a Apolônio de Tiana, sob a alcunha de Balinus. Descreve um panteísmo repleto de profundo fraternismo, onde são expostas as leis de sincronicidades e analogia da Magia, entre várias outras abordagens. Foi introduzida no pensamento europeu através das traduções do árabe de Marsílio Ficino (1433–1499 e.c.), encomendadas pelo mecenas Cosme de Médici (1389–1464 e.c.) no século XV. Teve profunda influência no pensamento humanista de Giordano Bruno, John Dee (1527–1608 e.c.), Robert Fludd (1574–1637 e.c.), entre outros, bem como nas Sociedades Rosa Cruz e Maçônica dos séculos XVII e XVIII, além do ocultismo e teosofia do século XIX.

Escultura de Apolônio de Tiana. Por: *Barthélény de Mélo (1663-1720).*

A cabala ou *tradição* é a parte esotérica do judaísmo, que remonta ao mítico Melquisedec, contemporâneo de Abraão (século XX a.e.c.) tendo por principais representantes, Moisés (1391–1271 a.e.c.), que acrescentou seus conhecimentos de iniciado egípcio, Shimon bar Yorchai (século II e.c.) de Safed, atual Israel, a quem é atribuída a escrita do Zohar, Moses de Leon (1250–1305 e.c.), que viveu em Al Andaluz na Espanha, Issac Luria (1534–1572 e.c.) que viveu em Safed, com influências da Numerologia pitagórica. A cabala descreve uma cosmogonia complexa relacionada às 10 emanações ou sopros divinos, abordando vários aspectos do parapsiquismo como evocações de espíritos (consciexes), mobilização da energia consciencial e principalmente o estudo das sincronicidades relacionadas ao poder da palavra, escrita ou falada, visando seu significado oculto e a criação de mantras ou encantamentos, técnica chamada de *gematria*. Teve profunda influência

Mesas Girantes, Magazine l'illustration, França, 1853 Imagem: Daniel Lange.

sobre Isaac Newton (1643–1727 e.c.), Michel de Nostradamus e principalmente Pico della Mirandola (1463–1494 e.c.), criador da cabala cristã e um dos maiores nomes do Humanismo renascentista, bem como as linhas ocultistas dos séculos XVIII e XIX.

Entre os séculos XVII e XVIII o estudo do parapsiquismo fica basicamente restrito às sociedades secretas a exemplo da Rosa Cruz e da Maçonaria, ambas com profundas influências políticas sobre os acontecimentos e revoluções do período. Com raras exceções individuais de personalidades controversas a exemplo do Conde de Saint-Germain (1696–1794 e.c.), sobre quem não há consenso se realmente existiu, apesar de François Marie Arouet – Voltaire (1694–1778 e.c.) e Jean-Jacques Rousseau (1712–1778 e.c.) afirmarem tê-lo conhecido, Giuseppe Balsamo, Conde di Cagliostro (1743–1795 e.c.), um típico mago renascentista para uns, ou um charlatão para outros, também Luis Claude de Saint-

-Martin (1743–1803 e.c.), advogado e profundo estudioso do parapsiquismo, Emanuel Swedenborg (1688–1772 e.c.) sensitivo e erudito polímata, com vários aspectos de manifestações parapsíquicas, tendo escrito o "Diário Espiritual" onde narra suas projeções lúcidas, e Franz Anton Mesmer (1734–1815 e.c.), sensitivo, especialista em exteriorização de energias, que denominava "magnetismo animal", precursor da hipnose.

Em nenhum outro momento da história humana houve um maior interesse pelo estudo técnico e prático do parapsiquismo quanto no século XIX. As três linhas principais que dominaram tal interesse foram o ocultismo, a teosofia e o espiritualismo.

O ocultismo foi uma continuação natural das sociedades secretas dos séculos XVII e XVIII mantendo um estudo tradicional da alquimia, hermetismo e cabala. Seus maiores expoentes foram Eliphas Levi (1810–1875 e.c.) e Gerard Encausse (1865–1916 e.c.) sob o pseudônimo de Papus. Eram teóricos eruditos, com baixo rendimento parapsíquico prático.

A teosofia, criada pela sensitiva Helena Petrova Blavatsky (1831–1891 e.c.) e Henry Olcott (1832–1907 e.c.), deriva basicamente do ocultismo, destacando-se o enfoque no orientalismo, principalmente indiano, promovendo maior aproximação intelectual entre as tradições orientais e ocidentais, abrindo as portas para a vinda ao ocidente de vários mestres orientais: Vivekananda (1863–1902 e.c.), Yogananda (1893–1952 e.c.), Daisetsu Teitaro Suzuki (1870–1966 e.c.) e destacando-se a figura emblemática de Ramana Marashi (1878–1950 e.c.). Seus maiores expoentes foram, além dos acima citados, Anne Besant (1847–1943 e.c.), Charles Leadbeater (1854–1934 e.c.) e Jiddu Krishnamurti (1895–1986 e.c.). Com a recusa de Krish-

Retrato de Madame Blavatsky, 1877.

namurti de assumir a condição de líder máximo da teosofia, esta perdeu força, notadamente após a dessoma de Besant.

O espiritualismo assume uma condição totalmente nova no contexto do estudo do parapsiquismo por ter nascido da comprovação prática dos fenômenos patrocinados pelas consciexes, sem influência direta das tradições antigas, corrompidas por misticismos diversos. A data mais importante do espiritualismo, e talvez de todo o estudo do parapsiquismo, foi o dia 31 de março de 1848. Neste dia iniciaram os fenômenos de Hydesville, cidade da área rural de Nova York (E.U.A.), pelas irmãs sensitivas ectoplastas, Kate Fox (1837–1892 e.c.) e Margaret Fox (1833–1893 e.c.), com o estabelecimento de um código de comunicação entre as batidas *(raps)* promovidas por espírito (consciex) e as letras para formação de palavras. A partir de então se iniciou uma verdadeira *febre* de comunicação entre pessoas (conscins) e espíritos (consciexes) das mais diversas modalidades, resultando no Espiritismo francês de Allan Kardec, pseudônimo do pedagogo Hippolyte Léon Denizard Rivail (1804–1869 e.c.), ainda com conotação mística cristã, apresentando grande penetração na sociedade brasileira através dos trabalhos do sensitivo Francisco Cândido Xavier (1910–2002 e.c.) e na Metapsíquica de Charles Richet (1850–1935 e.c.), médico (Nobel de Fisiologia em 1913), que estudou diversos sensitivos, dentre os quais: Elizabeth D'Espérance (1855–1918 e.c.) e Eusápia Paladino (1854–1918 e.c.), com abordagem mais positivista e experimental. O espiritualismo Inglês da *Society for Psychical Research* (SPR) de abordagem mais científica, calcada em dezenas de pesquisadores, destacando-se as figuras de Alfred Russel Wallace (1823–1913 e.c.), William

Retrato de Allan Kardec, 1865.

James (1842–1910 e.c.) e William Crookes (1832–1919 e.c.), que realizou experimentos com os sensitivos Florence Cook (1856–1904 e.c.), Kate Fox (1837–1892 e.c.) e Daniel Dunglas Home (1833–1886 e.c.).

A Parapsicologia do século XX é *filha* direta do espiritualismo, notadamente da metapsíquica, porém com uma abordagem mais quantitativa, embasada em estatísticas, do que qualitativa, baseada na observação de fenômenos produzidos por sensitivos, ressaltando as figuras da parapsicóloga sensitiva Eileen J. Garrett (1893–1970 e.c.) e Joseph Rhine (1895–1980 e.c.), da *Duke University*. Porém, mesmo com as inúmeras pesquisas realizadas, a Parapsicologia fracassou por tentar provar os fenômenos parapsíquicos a partir de critérios científicos materialistas e ao separar o objeto pesquisado – o sensitivo, do sujeito investigador – o cientista.

Na contemporaneidade, a Conscienciologia aponta um novo marco para a humanidade, através da proposição e consolidação do *Paradigma Consciencial*. Em 1981, com o lançamento do livro "*Projeções da Consciência*", o pesquisador Waldo Vieira propõe as Ciências *Projeciologia* e *Conscienciologia,* posteriormente embasadas pelos tratados *"Projeciologia: Panorama das Experiências da Consciência Fora do Corpo Humano"* em 1986 e *"700 Experimentos da Conscienciologia"* em 1994.

Livro Projeções da Consciência, Waldo Viera. Primeira edição. Editora LAK, 1979.

O parapsiquismo ocupa lugar central nas investigações da Conscienciologia. É por meio das parapercepções que a pessoa observa a si mesma, e sua interação perante as demais consciências e o Cosmos e em todas as dimensões de manifestação.

Apenas o estudo teórico dos fenômenos parapsíquicos não é suficiente. A Parapsicologia e a Metapsíquica, como vimos anteriormente, já tentaram esta abordagem. Para o conscienciólogo, importa mais a *autopesquisa parapsíquica,* ou seja, a abordagem na

Fundação do Instituto Internacional de Projeciologia – IIP (16 de janeiro de 1988).

qual o próprio pesquisador é, ao mesmo tempo, o cientista, o método e o objeto de investigação.

Neste sentido, o *Acoplamentarium* consiste em um ambiente otimizado para que o pesquisador anatomize, através de experiências parapsíquicas, a própria realidade consciencial. Por meio da participação na condição de coadjutor nos acoplamentos, torna-se possível realizar o autodiagnóstico do *nível pessoal de cientificidade*. Dentro da lógica de pesquisa multidimensional, o *Acoplamentarium* representa a interface entre as dimensões intrafísica-extrafísica adequada à realização de experimentos parapsíquicos teórico-práticos (teáticos).

"Os fatos orientam a pesquisa". Esta máxima da Conscienciologia é normalmente citada quando se pensa em iniciar uma investigação. Portanto, cabe ao consciencólogo desenvolver a *expertise*

em investigar sistematicamente os fatos e analisá-los no contexto multidimensional, a fim de alcançar uma síntese esclarecedora.

O parapsiquismo é atributo consciencial diretamente relacionado com a percepção da realidade multidimensional. Para a apreensão de determinado fenômeno parapsíquico, faz-se necessário o sequenciamento do fato multidimensional. Dentre os estágios necessários, observam-se, pelo menos, três etapas descritas, na ordem de aparecimento:

1. **Percepção do fenômeno:** captação da ocorrência parapsíquica através do parassensoriamento consciencial.

2. **Representação do fenômeno:** a ideia ou conceito mental correspondente à ocorrência parapsíquica.

3. **Entendimento do conteúdo do fenômeno:** a interpretação e a compreensão do fato parapsíquico.

A consciência é um objeto de pesquisa complexo. Por isso, requer instrumentos e métodos refinados para seu estudo. Porém, com a aplicação das faculdades mentais, tais como auto-organização, priorização e perseverança, acompanhadas da autorreflexão, é possível ao pesquisador compreender suas habilidades parapsíquicas, utilizando-as de maneira cosmoética e interassistencial, reforçando o ciclo de motivação na autopesquisa.

O PESQUISADOR WALDO VIEIRA

Waldo Vieira nasceu em 12 de abril de 1932 em Monte Carmelo, Minas Gerais, Brasil. É graduado em Medicina e Odontologia e pós-graduado em Plástica e Cosmética em Tóquio, Japão.

Projetor consciente desde os 9 anos de idade, pesquisa a consciência e as respectivas manifestações fora do corpo há mais de 50 anos. É membro das principais instituições internacionais de pesquisa do parapsiquismo a exemplo da ASPR – *American Society for Psychical Research* (Nova Iorque) e SPR – *Society for Psychical Research* (Londres). Em 2000 radicou-se em Foz do Iguaçu, PR e, desde 2002, ministra as *Tertúlias Conscienciológicas* diariamente, abertas ao público e com objetivo de fomentar debates sobre os verbetes da *Enciclopédia da Conscienciologia*.

O propositor das ciências Projeciologia e Conscienciologia é autor de 21 obras conscienciológicas, vistas a seguir (Ano-Base 2013):

01. 100 Testes da Conscienciometria.
02. 200 Teáticas da Conscienciologia.
03. 700 Experimentos das Conscienciologia.
04. A Natureza Ensina.
05. Conscienciograma: Técnica de Avaliação da Consciência Integral.
06. Enciclopédia da Conscienciologia.
07. Homo sapiens pacificus.
08. Homo sapiens reurbanisatus.
09. Manual da Dupla Evolutiva.
10. Manual da Proéxis: Programação Existencial.
11. Manual da Tenepes: Tarefa Energética Pessoal.
12. Manual de Redação da Conscienciologia.
13. Manual dos Megapensenes Trivocabulares.
14. Máximas da Conscienciologia.
15. Minidefinições Conscienciais.
16. Miniglossário da Conscienciologia.
17. Nossa Evolução.
18. O que é a Conscienciologia.
19. Projeciologia: Panorama das Experiências da Consciência Fora do Corpo Humano.
20. Projeções da Consciência: Diário de Experiências Fora do Corpo Físico.
21. Temas da Conscienciologia.

Atualmente o professor Waldo Vieira dedica-se à escrita do *Dicionário de Argumentos da Conscienciologia*, às *Pensatas Verponológicas* e à *Cornucópia do Corpus da Conscienciologia*.

2

Campus CEAEC

Cataratas do Iguaçu.
Foto: Guilherme Kunz, 2010.

COGNÓPOLIS FOZ DO IGUAÇU: A CIDADE DO CONHECIMENTO

Segundo Nara Oliveira (2012, p. 52), Foz do Iguaçu possui representantes de 74 nacionalidades, totalizando 7.836 estrangeiros. Frente a isto, a cultura da cidade é marcada pela diversificação de línguas, costumes e comportamentos. Os diferentes povos existentes no município convivem pacificamente, sem registro de conflitos étnicos há mais de 100 anos, viabilizando condições para o estudo e vivência do Universalismo.

A cidade também possui a maior hidrelétrica do mundo em produção de energia, a *Itaipu Binacional,* e o *Parque Tecnológico Itaipu* (PTI), dedicado à pesquisa em empreendedorismo, tecnologia, educação e turismo. Ambos proporcionam a formação de um ambiente favorável à inovação, desenvolvimento e pesquisa de novas tecnologias em conjunto com as 9 instituições de ensino superior atualmente instaladas no município (Ano-base: 2013).

Outro diferencial da região é o *Parque Nacional do Iguaçu* com área verde de 225 mil hectares no solo brasileiro e argentino, incluindo o *Rio Paraná,* o *Rio Iguaçu,* o *Aquífero Guarani* e as *Cataratas do Iguaçu,* considerada dentre as 7 maravilhas naturais deste planeta. A exuberância desta região possui alta concentração de energia imanente (da natureza).

Quanto às energias imanentes, há por exemplo, 5 fontes energéticas mais evidentes em Foz do Iguaçu:

1. **Aeroenergias:** energias oriundas da atmosfera, inclusive dos fenômenos meteorológicos tais como ventos e raios.

2. **Fitoenergias:** energias presentes na flora, ou seja, encontradas nas raízes dos vegetais, flores, frutos, gramados, arvoredos, mata e em toda diversidade botânica presente nas áreas verdes.

Usina Hidrelétrica Itaipu Binacional.
Foto: Guilherme Kunz, 2007.

3. **Geoenergias:** energias existentes no solo e nas formações rochosas.

4. **Hidroenergias:** energias provenientes dos lagos, rios, aquíferos e fontes.

5. **Zooenergias:** energias advindas da fauna, ou seja, de todas as espécies animais habitantes na região.

Neste contexto de fartura de energias imanentes e energias conscienciais, floresceu a *Cognópolis Foz,* cidade do conhecimento, termo usado para designar a *comunidade conscienciológica de Foz do Iguaçu,* ou seja, conjunto de Instituições Conscienciocêntricas (ICs), condomínios residenciais e ambientes otimizados para a pesquisa da consciência, a qual conta com 693 voluntários, dentre eles 155 professores universitários, 84 psicólogos, 68 empresários, 40 médicos, 36 engenheiros, 30 advogados, 23 administradores, 19 ciberneticistas, 15 pedagogos, 14 arquitetos, 13 biólogos e 12 fisioterapeutas (Ano-base: 2013).

Eis, por exemplo,10 vantagens evolutivas, lógicas e racionais de viver na Cognópolis de Foz do Iguaçu:

01. **Aproveitamento:** melhorar o aproveitamento da atual existência humana, acelerando a História Pessoal.

02. **Voluntariado:** manter a participação íntima, ininterrupta e consolidada nas boas causas do voluntariado.

03. **Desperticidade:** alcançar lucidez e maturidade antecipadas rumo à condição evolutiva de *ser desperto,* isto é, a pessoa *de*sassediada *per*manente *to*tal.

04. **Energias:** cooperar na união potencializadora das forças físicas e das energias conscienciais de grupo consciencial coeso e coerente.

Vista Aérea da Fronteira Brasil-Paraguai.
Foto: Francisco Mauro, 2009.

Projeto do Pórtico do Bairro Cognópolis.
Ilustração: Alexandre Baltazar.

05. **Instituições:** ajudar a materializar as *Instituições Conscienciocêntricas* (ICs), altamente aperfeiçoadas, a utopia consciencial histórica, factível ou realizável, hoje, nesta dimensão e neste período evolutivo.

06. **Lucidez:** intensificar a recuperação dos *cons* magnos, ou seja, da lucidez de maior gabarito, afastando as autorrepetições indesejáveis.

07. **Aprendizado:** fazer, da vida humana, a escola consciencial dinâmica e ideal, para sempre, do progressismo *(Evolutionarium)*.

08. **Profilaxia:** evitar perdas de tempo, oportunidades, energias e companhias evolutivas valiosas para a programação existencial (proéxis).

09. **Proéxis:** executar a queima de etapas à consecução da programação existencial, em grupo (maxiproéxis).

10. **Sinergismo:** desenvolver o sinergismo da megafraternidade vivenciada ao máximo, com elevado utilitarismo cosmoético.

"A radicação vitalícia na Cognópolis, além de ser conduta-exceção é, sem dúvida, óbvia façanha evolutiva e indiscutível responsabilidade perante o Curso Intermissivo e a maxiproéxis".

(Vieira, 2013; p. 5.963)

Bairro Cognópolis,
Foz do Iguaçu, PR, Brasil.
Foto: Moacir Gonçalves, 2009.

Vista noturna do *Tertuliarium*.
Foto: Simone Di Domenico, 2011.

CENTRO DE ALTOS ESTUDOS DA CONSCIENCIOLOGIA

O Centro de Altos Estudos da Conscienciologia (CEAEC), primeiro *campus* conscienciológico, fundado em 15 de julho de 1995, é dedicado a cursos e pesquisas da Conscienciologia, principalmente nas áreas da *Mentalsomatologia* e da *Experimentologia,* ou seja, no desenvolvimento das faculdades mentais avançadas e na experimentação técnica das percepções extrassensoriais.

O CEAEC, considerado *balneário bioenergético,* possui ambiente favorável para o pesquisador realizar a autoexperimentação quanto às energias conscienciais e desenvolver as habilidades cognitivas, devido à sua infraestrutura voltada para a autopesquisa associada à riqueza natural e bioenergética.

Dentre as inúmeras atividades oferecidas pelo CEAEC, é possível destacar as *Dinâmicas Parapsíquicas* e *Cursos temáticos,* os *Laboratórios de Autopesquisa,* o *Círculo Mentalsomático,* as *Tertúlias Conscienciológicas* e diversas outras atividades relacionadas à autopesquisa da consciência.

Conforme descrito no verbete *"Radicação Vitalícia na Cognópolis"* da *Enciclopédia da Conscienciologia,* eis, por exemplo 10 atividades encontradas em Foz do Iguaçu:

01. **Colegiologia:** os *Colégios Invisíveis da Conscienciologia* atuantes.

02. **Conferências:** a atualização técnica através de palestras e conferências.

03. **Cursos:** os cursos de múltiplas naturezas em desenvolvimento.

Campus CEAEC – Marco Zero.
Foto: Simone Di Domenico, 2011.

04. **Debates:** os debates regulares continuados *(Argumentarium).*

05. **Exposições:** o desfrute das exposições técnicas permanentes.

06. **Holoteca:** o acesso imediato aos artefatos do saber (acervo cultural).

07. **Laboratórios:** os laboratórios de autopesquisa à disposição.

08. **Pesquisas:** a participação em eventos sucessivos de pesquisa.

09. **Plenárias:** as assembleias e plenárias administrativas das ICs.

10. **Tertúlias:** as Tertúlias Conscienciológicas diárias gratuitas, o *Curso de Longo Curso.*

O CEAEC é mantido por profissionais de vários ramos de atividades sob o vínculo do voluntariado, dedicando-se ao estudo da consciência e à realização de pesquisas e cursos teórico-práticos sobre as mais variadas temáticas.

A ideia de se criar o *campus* conscienciológico tornou-se tema presente a partir de 1990, nos debates do *Instituto Internacional de Projeciologia e Conscienciologia* (IIPC), instituição pioneira na pesquisa da consciência, na época com sede no Rio de Janeiro, RJ, Brasil. Com o tempo, o projeto passou a ser desenvolvido pelo *Grupo de Pesquisas Conscienciológicas* denominado *Sociedade Intrafísica Conscienciológica* (GPC-Socin).

Em setembro de 1994, as ideias iniciais para viabilizar empresas e escolas inseridas em um complexo conscienciológico foram apresentadas no Rio de Janeiro, RJ. O impulso maior para a proposta sair do papel ocorreu em reunião realizada em Curitiba, PR, no dia 14 de abril de 1995. Inúmeros locais foram cogitados para a concretização do projeto. Porém, durante o encontro, a doação de terreno em Foz do Iguaçu, PR, foi decisiva para a cidade ser a sede do empreendimento. Na ocasião, o pesquisador Waldo Vieira prontificou-se a transferir a biblioteca pessoal, especializada em Parafenomenologia, do Rio de Janeiro para Foz do Iguaçu.

Campus CEAEC.
Foto: Simone Di Domenico, 2011.

O resultado da reunião em Curitiba catalisou o surgimento da *Cooperativa dos Colaboradores do Instituto Internacional de Projeciologia e Conscienciologia.* Esta instituição, sem fins lucrativos, foi criada para implantar e administrar o complexo conscienciológico denominado hoje de *Centro de Altos Estudos da Conscienciologia* (CEAEC).

A Cooperativa construiu e administrou a primeira etapa do CEAEC, de julho de 1995 a julho de 2002. Durante este período, foram edificados: salão de eventos, escritório de administração, *Basecon* (moradia de voluntários), CEAEC *Village* (hotel), 16 Laboratórios de Autopesquisa, Holoteca, Holociclo e Aleia dos Gênios da Humanidade.

Em 23 de julho de 2002, funda-se a *Associação Internacional do Centro de Altos Estudos da Conscienciologia* (CEAEC), atual responsável pela administração da instituição.

Dentre as principais edificações planejadas e construídas no CEAEC para potencializar a autopesquisa nas diversas áreas de conhecimento abordadas pela Conscienciologia, destacam-se: a *Holoteca,* o *Holociclo,* o *Tertuliarium* e os *Laboratórios,* apresentados a seguir.

Início das obras do *Campus* CEAEC.
Fonte: Acervo CEAEC.

Holoteca

Ambiente destinado à pesquisa e exposição das coleções de artefatos do saber (tecas), a exemplo de: livros, filmes, selos, moedas, conchas, fotos, dentre outros registros sobre a história e a sistematização do conhecimento humano. A Holoteca organiza criteriosamente o acervo possibilitando ao pesquisador interessado acesso fácil e gratuito às 278 tecas. É aberta diariamente, podendo ser consultada pelo público em geral.

Holoteca. *Campus* CEAEC. Foto: Giuliano Branco.

Dentre as tecas, destaca-se a Hemeroteca (cosmograma), a maior coleção da Holoteca, com 515.679 recortes de periódicos, revistas e jornais de diversas partes do mundo, devidamente classificados e arquivados em centenas de temas de pesquisa, constituindo importante fonte de dados para pesquisadores (Ano-base: 2013).

Eis, a título de exemplo, 20 tipos de artefatos da Holoteca:

01. **Arqueoteca:** fósseis.

02. **Artesanatoteca:** toalhas de crochê; vasos de flores feitos à mão.

03. **Bannerteca:** *banners* de divulgação.

04. **Brinquedoteca:** brinquedos para montar.

05. **Cartofilioteca:** cartões-postais.

06. **Cronoteca:** relógios.

07. **Datilioteca:** anéis; caixa de joias.

08. **Discoteca:** LPs e CDs.

09. **Entomoteca:** insetos, principalmente besouros.

10. **Estiloteca:** bolsas; chapéus; jogos de porcelana.

11. **Geoteca:** pedras.

12. **Gibiteca:** gibis; tiras de quadrinhos.

13. **Globoteca:** globos terrestres.

14. **Idiomaticoteca:** cursos de idioma com livros, fitas cassete e DVDs.

15. **Mensuroteca:** réguas; balanças de grãos.

16. **Miniaturoteca:** *souvenirs;* réplicas de monumentos em tamanho reduzido.

17. **Minoroteca:** objetos indígenas.

18. **Pinacoteca:** quadros.

19. **Sinoteca:** roupas e artefatos típicos chineses.

20. **Videoteca:** filmes em DVD e VHS.

A CLASSIFICAÇÃO DOS ARTEFATOS DO SABER, ATIVIDADE AVANÇADA PRATICADA NA HOLOTECA, FACILITA A LOCALIZAÇÃO TÉCNICA DOS ACHADOS PESQUISÍSTICOS E A AMPLIAÇÃO DA COSMOVISÃO.

(Vieira; 2013, p. 10.299)

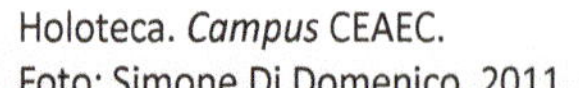

Holoteca. *Campus* CEAEC.
Foto: Simone Di Domenico, 2011.

Holociclo

O Holociclo é o laboratório técnico de pesquisa especializado na elaboração da *Enciclopédia da Conscienciologia,* formado por dicionários, enciclopédias, recortes de jornais, revistas e outros periódicos, expostos em ordem alfabética de temas para facilitar o acesso dos pesquisadores.

Holociclo. *Campus* CEAEC. Foto: Valesca Ferreira, 2007.

Para manutenção e produção científica, o Holociclo possui equipes especializadas em diferentes áreas. As *equipes técnicas do Holociclo* são grupos de voluntários assessores e consultores em determinada demanda funcional e na aplicação de talentos para a elaboração da *Enciclopédia da Conscienciologia,* por exemplo: tradutores, revisores, digitadores, redatores, etimólogos, dentre outros.

A *Enciclopédia da Conscienciologia,* constituída pela reunião de centenas de verbetes com especificações técnicas, teóricas e práticas (teáticas), incluindo os fatos e parafatos (exemplarismos), constitui o resumo prático do corpo de ideias da Conscienciologia ou da reunião dos conhecimentos conscienciológicos, colocados acessíveis a qualquer pessoa interessada nesta neociência.

Aleia dos Gênios da Humanidade.
Campus CEAEC.
Foto: Simone Di Domenico, 2011.

PONTOAÇÕES DO CEAEC

15.02.2013

821.425 artefatos do saber da Holoteca.

90.654 livros e obras escritas.

6.162 dicionários: **4.973** diferentes, **1.189** duplicatas.

1.104 temas de dicionários.

4.601 periódicos diferentes do mundo inteiro.

659 coleções de periódicos diferentes.

385 coleções de revistas diferentes.

2.040 títulos de revistas diferentes.

69.650 exemplares de revistas.

519.807 recortes de periódicos.

2.720 pastas de temas diferentes.

300 coleções das tecas.

72 coleções técnicas prontas para expor.

700 voluntários residentes em Foz do Iguaçu (ICs).

181 voluntários do CEAEC em Foz do Iguaçu.

74 autores do Holociclo publicados.

271 tenepessistas da comunidade conscienciológica.

225 enciclopedistas da comunidade conscienciológica.

42 edificações: 38 (alvenaria), 4 (madeira).

Tertuliarium

O *Tertuliarium* é o espaço otimizado para o debate científico de novas verdades relativas de ponta (neoverpons) da Conscienciologia. As *Tertúlias Conscienciológicas,* o *Curso de Longo Curso,* ministradas diariamente pelo professor Waldo Vieira, são gratuitas, abertas ao público e transmitidas ao vivo pela *Internet* (www.tertuliaconscienciologia.org).

Com capacidade para 362 pessoas, o *Tertuliarium* é considerado o primeiro *Argumentarium* do planeta, proporcionando ambiente otimizado para exposição e debate das neoideias avançadas da Conscienciologia.

Eis as pontoações do *Tertuliarium* (Data-base: 19.01.2013):

219 verbetógrafos.

2542 verbetes da Enciclopédia da Conscienciologia.

365 verbetes do *Dicionário de Argumentos da Conscienciologia.*

Tertuliarium. *Campus* CEAEC.
Foto: Moacir Gonçalves, 2008.

Laboratórios do *Campus* CEAEC.
Foto: Moacir Gonçalves, 2007.

Laboratórios da Conscienciologia

Os *Laboratórios da Conscienciologia* são os locais tecnicamente preparados para a realização de experimentos de autopesquisa. São ambientes otimizados quanto à dimensão extrafísica, possibilitando a imersão na autopesquisa parapsíquica dos interessados.

O primeiro laboratório do CEAEC foi inaugurado em setembro de 1997 com a proposta de estudar a *Técnica da Imobilidade Física Vígil*, experimento cujo objetivo é a pessoa dominar a própria psicomotricidade, superar a ansiedade e ampliar a sensibilidade parapsíquica. Em seguida, novos laboratórios foram construídos para realização de outros experimentos.

A infraestrutura dos laboratórios é constituída de mobiliário seguindo orientações ergonômicas para propiciar maior conforto ao pesquisador. Os instrumentos componentes dos artefatos pesquisísticos são: relógio, livros técnicos para consulta, cronômetro, *dimmer* para controle da iluminação, aparelhos condicionadores de ar, folhas brancas, prancheta e canetas para registros.

"O LABORATÓRIO CONSCIENCIOLÓGICO DEVE SER SEMPRE LOCAL DE ANTIDISPERSIVIDADE, AUTODEFESA, CONEXIDADE MULTIEXISTENCIAL, REFAZIMENTO ENERGÉTICO E PESQUISAS CONTÍNUAS".

(Vieira; 2003, p. 822)

Linha do tempo da construção dos laboratórios:

Vista interna de laboratório do CEAEC. Foto: Mariana Molina, 2012.

1997 – Laboratório de *Imobilidade Física Vígil,* inaugurado em 13 de setembro de 1997.

1998 – Laboratório de *Técnicas Projetivas* ou *Projectarium,* (experiências fora do corpo), Laboratórios de *Estado Vibracional* (dinamização máxima, das energias conscienciais), Laboratório de *Retrocognições* (lembranças de vivências pretéritas), Laboratório da *Tenepes* (tarefa energética pessoal), Laboratório da *Proéxis* (programação existencial), Laboratório da *Sinalética Energética Parapsíquica* (conjunto de sinais personalíssimos percebidos pela pessoa ao interagir com outras consciências, ambientes, objetos e situações específicas), Laboratório da *Pensenologia* (estudo dos pensene ou *pen*samentos *sen*timentos e *ene*rgias da própria pessoa) e Laboratório da *Auto-organização.*

1999 – Laboratório da *Cosmoética* (estudo da moral cósmica, que leva em conta a multidimensionalidade e a multiexistencialidade), Laboratório da *Despertologia* (estudo do ser desperto, *des*assediado *per*manente *to*tal), Laboratório da *Dupla Evolutiva* (reunião de duas consciências intrafísicas, afins, maduras e lúcidas que vivem um relacionamento maduro, desinibido e autêntico, assentado na evolução intercooperativa a dois), Laboratório da *Evoluciologia* (estudo da evolução da consciência), Laboratório da *Mentalsomática* (estudo dos atributos mentais) e Laboratório da *Paragenética* (estudo das heranças da consciência adquiridas ao longo de suas vivências pretéritas).

2000 – Laboratório do *Cosmograma* (técnica de estudo, análise, seleção e coleção de fatos dentro de diversos temas de interesse, a partir da leitura e recortes de periódicos).

2003 – Laboratório *Acoplamentarium,* o primeiro de *autopesquisas parapsíquicas coletivas* no planeta.

Os laboratórios de autopesquisa são utilizados por centenas de alunos e pesquisadores com os mais diversos objetivos. Em maio de 2012 foi realizado o experimento número 50.000, ocorrido no Laboratório da *Sinalética Energética Parapsíquica.* Em 31 de dezembro de 2012, totalizaram 52.312 experimentos realizados.

PONTOAÇÕES DOS LABORATÓRIOS

Período: 1997-2012

01. Estado Vibracional: **7.474** experimentos.
02. Tenepes: **6.350** experimentos.
03. Pensenologia: **6.449** experimentos.
04. Sinalética Energética: **4.146** experimentos.
05. Auto-organização: **3.776** experimentos.
06. Imobilidade Física Vígil: **3.338** experimentos.
07. Despertologia: **2.880** experimentos.
08. Proéxis: **2.719** experimentos.
09. Cosmoética: **2.690** experimentos.
10. Retrocognição **2.902** experimentos.
11. Paragenética: **2.518** experimentos.
12. Técnicas Projetivas: **2.122** experimentos.
13. Dupla Evolutiva: **1.658** experimentos.
14. Mentalsomática: **1.459** experimentos.
15. Evoluciologia: **1.048** experimentos.
16. Cosmograma: **793** experimentos.

3

Acoplamentarium

Laboratório *Acoplamentarium*.
Campus CEAEC.
Foto: Moacir Gonçalves, 2013.

A HISTÓRIA

O laboratório *Acoplamentarium* está assentado nas premissas do paradigma consciencial, tecnicamente preparado para potencializar as manifestações do holossoma (o conjunto dos 4 corpos ou veículos de manifestação da consciência: corpo humano, corpo energético, corpo emocional e corpo mental) e os atributos conscienciais, principalmente o parapsiquismo, por intermédio da técnica do *acoplamento energético.*

Desde a década de 1960, o professor e pesquisador Waldo Vieira planejava criar um laboratório grupal para desenvolver experimentos de acoplamento energético objetivando realizar assistência através das energias conscienciais, desenvolver as parapercepções e estudar os fenômenos parapsíquicos.

No final de outubro de 2002, no curso *Pilares do Parapsiquismo,* promovido pelo CEAEC, Waldo Vieira realizou, por sugestão da equipe extrafísica, trabalho grupal envolvendo técnicas de acoplamento energético, assimilação energética e clarividência facial. Motivados com a oportunidade, os participantes do curso se reuniram para elaborar projeto a fim de viabilizar as obras do *Acoplamentarium.*

O projeto do laboratório *Acoplamentarium* foi desenvolvido pelo arquiteto e conscienciólogo Everton Santos. Durante a construção do laboratório, o professor Moacir Gonçalves, ao visitar a obra, teve *insight* de realizar exercícios energéticos e parapsíquicos no local. Dessa singular ideia, surgiram as atividades energéticas grupais, conhecidas atualmente como *Dinâmicas Parapsíquicas,* até o presente momento, realizadas diariamente.

As obras foram concluídas em tempo recorde de 65 dias. Através da colaboração financeira de voluntários, do amparo de muitas personalidades e da dedicação da professora Marília Sant'Anna, primeira coordenadora do laboratório, foi possível inaugurar o *Acoplamentarium* no dia 20 de fevereiro de 2003.

O laboratório foi utilizado pela primeira vez no dia 21 de fevereiro de 2003, por uma turma de 62 experimentadores, sob a orientação do *epicon,* professor Waldo Vieira. O *epicon* (*epi*centro *con*sciencial) é o parapsíquico veterano, atuante na condição de pessoa-chave, ou fulcro de energias nos trabalhos de assistência interdimensional.

Obras do laboratório *Acoplamentarium*. Fonte: Acervo CEAEC, 2002.

Inauguração do *Acoplamentarium,* 20/02/2003.
Fonte: Acervo CEAEC.

Eis, a relação dos alunos e alunas participantes da primeira turma do *Acoplamentarium,* viabilizadores financeira e energeticamente a concretização do laboratório:

Adriana Resende Lopes	Gelaine Baratto	Marilene Machado Ragagnin
Ana Lúcia Aires Azevedo	Gisele Krahenhofer	Marília Sant'Anna
Ana Maria da Silva Rocha	Guaracy Lopes Anesi	Mário dos Santos Oliveira
Ana Paula Fernandez de Abreu	Gustavo Stein	Maristela Mondardo Bortolotto
Ana Wilczek	Heraldo Pontes Lima	Marlene Rocha Gonçalves
Antonio Jaco da Silva	Ivanilda Fernandes	Marta Maria Ramiro
Arlindo Alcadipani Netto	Jackeline Paludo	Moacir Lima Gonçalves
Brooke Gordon	Joao Marcelo Correa	Nara Regina Olmedo de Oliveira
Cristian Marcelo Marques	José Laênio Loche Junior	Oswaldo Vernet de Souza Pires
Cristiane Ferraro Gilaberte da Silva	Leandro Martins Leporace	Paulo Roberto da Silva Marreca
Cristiano Prata dos Santos	Lilian Zolet	Paulo Souza e Silva Moreira
Cristina Porto Arakaki	Lucy Lutfi	Rainildes Tavares da Silva
Daniel Iria Machado	Luimara Schmit Duro	Reginaldo Aparecido Biazon
Dulce Lima Daou	Luiz Bonassi	Roberto de Almeida
Eduardo da Cunha e Silva	Luiz Roberto Costa Vilela	Simone Rugani Topke
Ester Joana Bastos	Luiz Roberto Hilbert Ferreira	Simone Zolet
Everton Souza dos Santos	Luzia Celeste de Souza	Suzete Novaes
Flavia Krahenhofer	Maria Aparecida Carneiro	Tania Maria Pereira Moreira
Flavia Rogick	Maria de L. V. de Araujo	Wagner Francisco Gomes
Flavio Buononato	Maria do Carmo dos Santos Pena	Walmir Fernando
Francisco Eugenio Mauro	Maria Rosaria da Silva Barcellos	Wilson Roberto Henning

TIMELINE DAS TURMAS DA PRIMEIRA DÉCADA DO *ACOPLAMENTARIUM* (2003-2012)

N.	Data	Temática do curso	Alunos	Epicentros conscienciais
01	21/02/2003	–	60	Waldo Vieira
02	07/03/2003	–	58	Waldo Vieira
03	21/03/2003	–	56	Waldo Vieira
04	14/04/2003	–	53	Waldo Vieira
05	09/05/2003	–	62	Waldo Vieira
06	14/07/2003	–	61	Waldo Vieira
07	27/07/2003	Invexologia	64	Waldo Vieira
08	01/09/2003	Conscienciοterapia	57	Waldo Vieira
09	07/09/2003	–	60	Waldo Vieira
10	03/10/2003	–	61	Waldo Vieira
11	26/12/2003	–	63	Waldo Vieira, Hernande Leite
12	26/01/2004	–	62	Mário Oliveira, Hernande Leite
13	18/02/2004	–	60	Hernande Leite, Nário Takimoto
14	19/03/2004	–	58	Marina Thomaz, Alexandre Steiner, Mário Oliveira
15	21/04/2004	–	56	Nário Takimoto, Marina Thomaz
16	14/05/2004	–	63	Mário Oliveira, Marina Thomaz
17	11/06/2004	–	57	Hernande Leite, Marina Thomaz
18	16/07/2004	–	54	Nário Takimoto, Wagner Alegretti
19	23/07/2004	–	63	Mário Oliveira, Nário Takimoto
20	20/08/2004	–	61	Alexander Steiner, Mário Oliveira
21	10/10/2004	–	51	Hernande Leite, Marina Thomaz
22	28/12/2004	–	55	Nário Takimoto, Moacir Gonçalves
23	11/02/2005	–	62	Hernande Leite, Nário Takimoto
24	08/04/2005	–	59	Marina Thomaz, Alexander Steiner
25	20/05/2005	–	50	Nário Takimoto, Moacir Gonçalves
26	17/06/2005	–	62	Hernande Leite, Alexander Steiner
27	22/07/2005	–	63	Wagner Alegretti, Mário Oliveira
28	19/08/2005	–	59	Moacir Gonçalves, Nário Takimoto
29	28/10/2005	–	43	Hernande Leite, Moacir Gonçalves
30	16/12/2005	–	63	Marina Thomaz, Alexander Steiner
31	23/12/2005	–	49	Nário Takimoto, Moacir Gonçalves
32	20/01/2006	–	60	Alexander Steiner, Leonardo Firmato
33	03/03/2006	–	54	Moacir Gonçalves, Cristina Arakaki
34	26/05/2006	–	62	Hernande Leite, Leonardo Firmato
35	09/06/2006	–	53	Marina Thomaz, Nário Takimoto
36	07/07/2006	–	63	Alexander Steiner, Leonardo Firmato

37	21/07/2006	–	45	Mário Oliveira, Cristina Arakaki
38	11/08/2006	–	60	Marina Thomaz, Moacir Gonçalves
39	27/10/2006	–	53	Leonardo Firmato, Nário Takimoto
40	23/12/2006	Tenepes	61	Cristina Arakaki, Leonardo Firmato
41	19/01/2007	–	63	Nário Takimoto, Frederico Ganem
42	23/02/2007	–	62	Moacir Gonçalves, Pedro Fernandes
43	04/05/2007	–	59	Hernande Leite, Alcir Alves
44	01/06/2007	–	61	Alexander Steiner, Cristina Arakaki
45	20/07/2007	–	63	Mário Oliveira, Leonardo Firmato
46	05/10/2007	–	41	Leonardo Firmato, Pedro Fernandes
47	16/11/2007	–	60	Mário Oliveira, Alcir Alves
48	21/12/2007	Tenepes	62	Marina Thomaz, Frederico Ganem
49	11/01/2008	–	61	Hernande Leite, Alexander Steiner
50	08/02/2008	–	55	Mário Oliveira, Frederico Ganem
51	28/03/2008	–	63	Marina Thomaz, Pedro Fernandes
52	11/04/2008	–	52	Alexander Steiner, Hernande Leite
53	16/05/2008	–	43	Nário Takimoto, Mário Oliveira
54	19/05/2008	–	42	Moacir Gonçalves, Marina Thomaz
55	04/07/2008	–	42	Leonardo Firmato, Alexander Steiner
56	18/07/2008	–	49	Cristina Arakaki, Nário Takimoto
57	17/10/2008	–	57	Alcir Alves, Moacir Gonçalves
58	28/11/2008	–	39	Frederico Ganem, Leonardo Firmato
59	29/12/2008	Tenepes	63	Pedro Fernandes, Cristina Arakaki
60	09/01/2009	–	54	Mário Oliveira, Pedro Fernandes
61	27/02/2009	–	62	Marina Thomaz, Mário Oliveira
62	27/03/2009	–	37	Marina Thomaz, Frederico Ganem
63	24/04/2009	–	46	Alexander Steiner, Nário Takimoto
64	15/05/2009	–	53	Nário Takimoto, Cristina Arakaki
65	12/06/2009	–	43	Alcir Alves, Leonardo Firmato
66	17/07/2009	–	39	Moacir Gonçalves, Alcir Alves
67	21/08/2009	–	35	Cristina Arakaki, Phelipe Mansur
68	16/10/2009	–	40	Leonardo Firmato, Félix Wong
69	20/11/2009	–	41	Frederico Ganem, Phelipe Mansur
70	25/12/2009	Tenepes	62	Pedro Fernandes, Moacir Gonçalves
71	29/01/2010	Parapolítica	51	Phelipe Mansur, Mário Oliveira
72	19/02/2010	Proéxis	56	Leonardo Firmato, Moacir Gonçalves
73	19/03/2010	Paradireito	61	Cristina Arakaki, Félix Wong
74	23/04/2010	Maxifraternismo	59	Alcir Alves, Hernande Leite
75	28/05/2010	Conviviologia	53	Frederico Ganem, Alexander Steiner
76	25/06/2010	Epicentrismo	52	Pedro Fernandes, Marina Thomaz

77	23/07/2010	Pacificação Íntima	50	Cristina Arakaki, Félix Wong
78	20/08/2010	Professores de ECP1	25	Mário Oliveira, Leonardo Firmato
79	27/08/2010	Anticonflituosidade	45	Marina Thomaz, Frederico Ganem
80	08/10/2010	Parapolítica	32	Phelipe Mansur, Alcir Alves
81	26/11/2010	Pacificação Íntima	53	Félix Wong, Leonardo Firmato
82	24/12/2010	Tenepes I	62	Cristina Arakaki, Pedro Fernandes
83	27/12/2010	Tenepes II	34	Leonardo Firmato, Adriana Lopes
84	28/01/2011	Paradireito	60	Moacir Gonçalves, Mário Oliveira
85	18/02/2011	Ectoplasmia	46	Frederico Ganem, Moacir Gonçalves
86	11/03/2011	Proéxis	62	Marina Thomaz, Pedro Fernandes
87	15/04/2011	Estado Vibracional	44	Phelipe Mansur, Leonardo Firmato
88	20/05/2011	Autoconsciencioterapia	62	Adriana Lopes, Frederico Ganem
89	17/06/2011	Autorrendimento Evolutivo	33	Alexander Steiner, Félix Wong
90	15/07/2011	Intermissivista	46	Leonardo Firmato, Adriana Lopes
91	25/07/2011	–	46	Mário Oliveira, Marina Thomaz
92	26/08/2011	Higiene Consciencial	56	Hernande Leite, Nário Takimoto
93	21/10/2011	Psicometria	42	Alcir Alves, Cristina Arakaki
94	18/11/2011	Desperticidade	60	Moacir Gonçalves, Mário Oliveira
95	23/12/2011	Tenepes I	60	Pedro Fernandes, Adriana Lopes, Everton Santos
96	30/12/2011	Tenepes II	56	Ruy Bueno, Leonardo Firmato, João Bonassi
97	13/01/2012	Amparadores	63	Mário Oliveira, Marina Thomaz, Katia Arakaki
98	24/02/2012	Proéxis	62	Félix Wong, Phelipe Mansur, Everton Santos
99	16/03/2012	Paradireito	45	Cristina Arakaki, Alcir Alves, Katia Arakaki
100	13/04/2012	Desperticidade	30	Moacir Gonçalves, Adriana Lopes, João Bonassi
101	27/04/2012	Extraterrestriologia	44	Everton Santos
102	18/05/2012	Autoconsciencioterapia	40	Marina Thomaz, Félix Wong, Luiz Gonçalves
103	01/06/2012	Dupla Evolutiva	30	Adriana Lopes, Mário Oliveira
104	15/06/2012	Ectoplasmia	33	Frederico Ganem, Pedro Fernandes, Everaldo
105	13/07/2012	Maturidade Parapsíquica	38	Adriana Lopes, Moacir Gonçalves, Mabel Teles
106	27/07/2012	Interassistencialidade	31	Alexandre Steiner, Ruy Bueno, Kátia Arakaki
107	17/08/2012	Retrocognição	60	Pedro Fernandes, Hernande Leite, João Bonassi
108	19/10/2012	Intermissivista	36	Leonardo Firmato, Mário Oliveira, Luiz Gonçalves
109	23/11/2012	Autodesassédio	54	Phelipe Mansur, Frederico Ganem, Everaldo
110	21/12/2012	Tenepes I	61	Alcir Alves, Alexander Steiner, Mabel Teles
111	24/12/2012	Tenepes II	33	Ruy Bueno, Cristina Arakaki, Everton Santos
112	11/01/2013	Escrita Conscienciológica	40	Moacir Gonçalves, Kátia Arakaki
113	18/01/2013	Pacicificação Íntima	34	Félix Wong, Luiz Gonçalves, Ana Luiza Rezende
114	15/02/2013	Proéxis	46	Ruy Bueno, Cristina Arakaki, Wildenilson Sinhorini
115	22/02/2013	Dupla Evolutiva	29	Mário Oliveira, Adriana Lopes
	Total:	***115 turmas***	***5.986***	***Total de Participantes***

AS TÉCNICAS PARAPSÍQUICAS

As técnicas parapsíquicas utilizadas no laboratório *Acoplamentarium* são: o acoplamento energético, a assimilação energética e a clarividência facial, analisadas a seguir.

O *acoplamento energético* é caracterizado pela interfusão das energias entre duas ou mais consciências. É o fenômeno parapsíquico inerente aos contatos interpessoais realizados no dia a dia. Porém, geralmente, tais acoplamentos são ignorados pela maioria das pessoas.

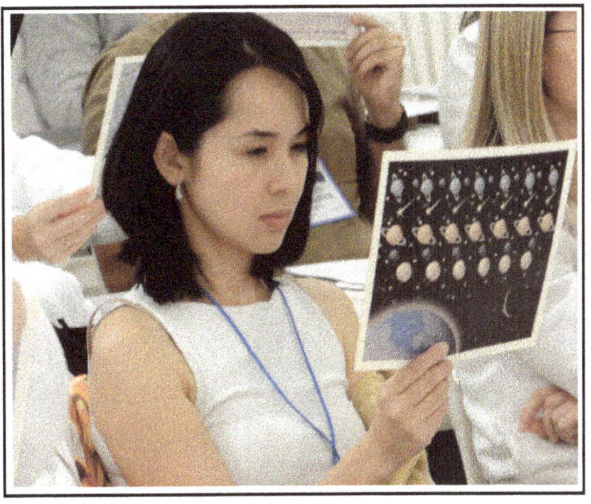

Estereograma, técnica adotada no curso *Acoplamentarium*. Foto: Giuliano Branco, 2011.

Muitas sensações de desconforto percebidas pelas pessoas no cotidiano advém das trocas energéticas e da absorção inconsciente de energias de pessoas ou ambientes, os quais podem estar desequilibrados. Nestes casos, podem ocorrer impressões desagradáveis no corpo humano, alterações nos estados emocionais e até mesmo interferências no pensamento.

Quando o acoplamento energético se aprofunda, a pessoa sensitiva é capaz de assimilar energeticamente as sensações orgânicas, emoções e pensamentos alheios. Tal fenômeno, denomina-se *assimilação simpática*.

Uma vez compreendido o funcionamento da interação energética, o sujeito consegue reverter os desconfortos através da mobilização energética lúcida, prevenindo minidoenças, intrusões e, acima de tudo, é capaz de auxiliar a outrem sem sofrer consequências negativas posteriores. O *Acoplamentarium* possibilita aos participantes compreender o funcionamento destas interações energéticas entre as consciências, de maneira autoconsciente.

No laboratório *Acoplamentarium* a técnica de acoplamento energético é realizada através do aluno (coadjutor) e do epicon

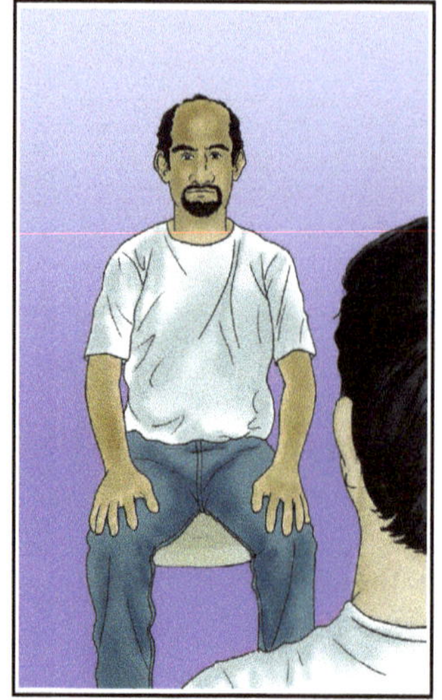

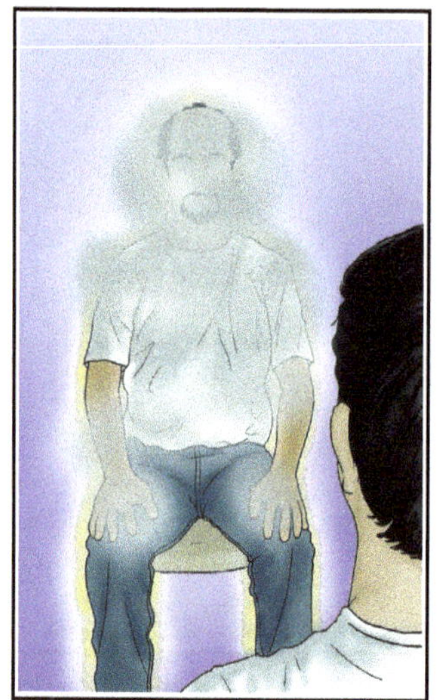

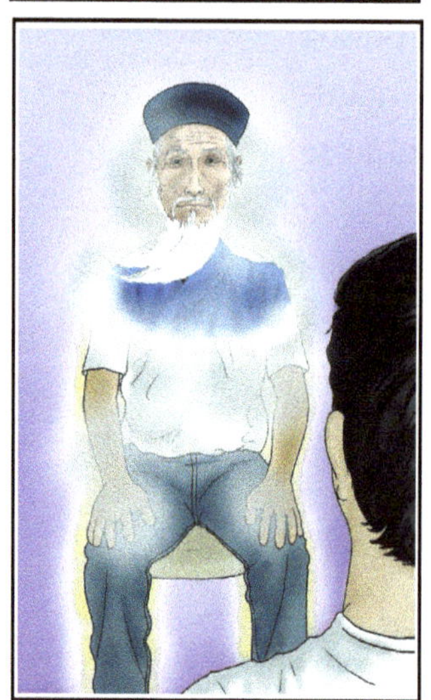

Técnica da Clarividência Facial.
Ilustração: Pedro Marcelino, 2011.

(epicentro consciencial). Ambos sentam-se de frente, imóveis e, pela força da vontade, estabelecem uma interfusão energética, propiciando os fenômenos parapsíquicos a exemplo da clarividência facial, descrita a seguir.

A *clarividência facial* é caracterizada pela visualização de consciências extrafísicas *(consciexes),* conhecidas popularmente como espíritos ou almas, plasmadas pela transfiguração momentânea dos rostos do epicon e do coadjutor. Além disso, é possível observar as auras dos participantes, bem como efeitos luminosos, "nevoeiros" e emanações oriundas da dimensão energética presente no momento dos experimentos.

Todas estas formas que transcendem a matéria física não são percebidas pela visão comum dos olhos, mas através do desenvolvimento do *frontochacra.* Também conhecido como sendo o *terceiro olho,* o frontochacra é o fulcro energético ou *chacra* localizado no centro da testa, entre as sobrancelhas, responsável pelo fenômeno de vidência parapsíquica.

A clarividência pode ser considerada um fenômeno-chave capaz de descortinar não só uma série de outras realidades e fenômenos do universo extrafísico, mas também, paradoxalmente, abrir as portas da autopesquisa para a pessoa estudar o próprio microuniverso consciencial, ou seja, estudar a si mesmo. Essa atitude proativa em querer aprimorar as condutas e manifestações íntimas potencializa a conexão com amparadores, consciências extrafísicas responsáveis pelo acolhimento, orientação e encaminhamento das demandas daqueles envolvidos com o compromisso de evoluir consciencialmente.

O fenômeno da clarividência vivenciado por muitos alunos do *Acoplamentarium* não é uma ocorrência estanque, podendo estar associada a diversos outros fenômenos parapsíquicos, por exemplo: clariaudiência; clarividência viajora; ectoplasmia; materialização; precognição; psicometria; retrocognição; telepatia; experiência fora do corpo; dentre outros.

Além das parapercepções já descritas, as imagens extrafísicas mais relatadas pelos participantes no *Acoplamentarium* estão listadas a seguir:

1. **Aura:** campo energético pessoal, envoltório energético de aparência luminosa.
2. **Biombo energético:** cortina de energia densa envolvendo o epicon ou coadjutor.
3. **Efeito negativo:** transposição da visualização das cores branca e preta, aos moldes de um filme fotográfico.
4. **Formas luminosas:** sinais luminosos podendo ter cor, brilho e tamanho diferentes.
5. **Paraobjetos:** visualização de objetos extrafísicos semimaterializados, podendo ser vestimentas, acessórios e objetos decorativos.
6. **Transfigurações faciais:** alteração da estética facial, das feições e da gesticulação.
7. **Translucidez:** visualização do corpo humano e/ou objetos de maneira transparente.

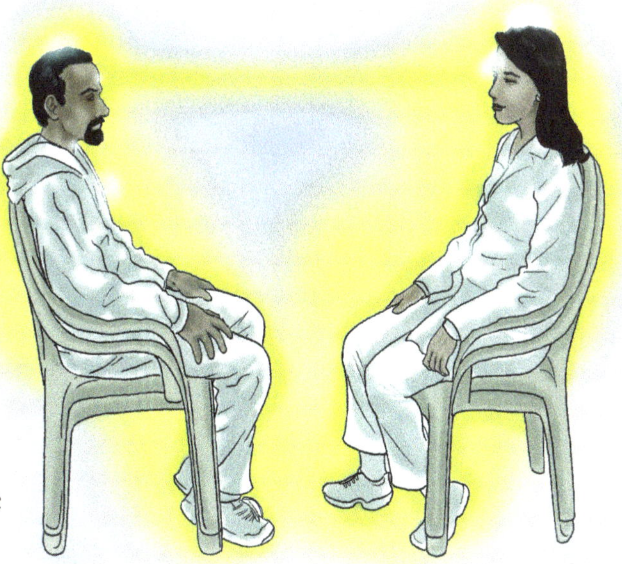
Técnica do Acoplamento Energético.
Ilustração: Pedro Marcelino, 2011.

Dentre os fenômenos parapsíquicos mais vivenciados pelos alunos estão:

1. **Acoplamento energético:** interfusão das energias entre epicon e coadjutor.
2. **Assimilação Energética:** captação do padrão energético entre conscins e/ou consciexes.

3. **Clarividência:** parapercepções visuais (imagens extrafísicas) através dos paraolhos.

4. **Clariaudiência:** parapercepções auditivas (sons extrafísicos) através dos paraouvidos.

5. **Descoincidência:** sensação de balanceio e mareamento.

6. **Ectoplasmia:** sensação de forte liberação de energias, associado ao *"frio nos ossos"*.

7. **Parapsiquismo Impressivo:** identificação objetiva da presença de consciências extrafísicas.

Ao longo dos 10 anos do *Acoplamentarium,* mais de **5.000 alunos e alunas** participaram do laboratório. Durante esta primeira década foi possível concluir, através dos depoimentos e relatos destes laboratoristas, que o *Acoplamentarium* oferece uma série de benefícios, listados a seguir:

01. Assistência energética e parapsíquica aos próprios alunos e às consciências intrafísicas e extrafísicas afinizadas a eles (entes queridos, colegas, amigos).

02. Compreensão e aplicabilidade dos fenômenos parapsíquicos de modo cosmoético.

Alunos no laboratório *Acoplamentarium.*
Foto: Giuliano Branco, 2011.

03. Desenvolvimento do parapsiquismo lúcido e interassistencial.

04. Superação dos medos ou fobias pessoais quanto à multidimensionalidade, principalmente o fato de ver e interagir com consciências extrafísicas.

05. Exposição da realidade consciencial, promovendo auto e heterodesassédio.

06. Amadurecimento do potencial parapsíquico latente dinamizando a consecução da programação existencial (proéxis).

07. Mapeamento e desenvolvimento da *sinalética energética pessoal.*

08. Melhoria da autodefesa energética no dia a dia.

09. Autocomprovação dos fenômenos parapsíquicos.

10. Desenvolvimento e desinibição parapsíquica.

11. Autoconsciência quanto ao emprego das próprias energias e melhoria do condicionamento energético pessoal.

12. Autoconscientização quanto aos vínculos cármicos entre os participantes, as consciências extrafísicas e o grupo evolutivo.

13. Profilaxia das autocorrupções e autoenganos, auxiliando a personalidade a pesquisar profundamente a própria realidade consciencial.

14. Descortínio das múltiplas dimensões intensificando as interações junto às outras consciências intrafísicas e extrafísicas.

15. Entendimento da interdependência no desenvolvimento parapsíquico e a importância do contexto grupal no processo evolutivo.

16. Desenvolvimento dos atributos conscienciais a exemplo da associação de ideias, atenção, autodiscernimento, autojuízo crítico, concentração e memória.

17. Potencialização das intervenções paracirúrgicas (cirurgias de natureza extrafísica e parapsíquica) promovidas pela equipe de amparadores técnicos.

18. Experimentação de grande diversidade de fenômenos extrafísicos.

19. Estudo das repercussões das energias no corpo humano a exemplo das taquicardias, mioclonias, parestesias, sonolências e entorpecimentos localizados.

20. Predisposição à visita de *alunos dos Cursos Intermissivos,* consciências extrafísicas que estão se preparando para renascer e, por isso, interessam-se pelo estudo das manifestações energéticas e parapsíquicas na dimensão intrafísica.

Em síntese, o *Acoplamentarium* é uma espécie de *palco multidimensional* onde se desdobram uma série de fenômenos energéticos, parapsíquicos e multidimensionais de natureza *parapedagógica*, ou seja, com intuito de oferecer ensinamentos conscienciológicos para todos os participantes.

Os experimentos realizados no *Acoplamentarium* são autopersuasivos e fornecem resultados objetivos, a curto e médio prazo, aos participantes. Por esta razão, a autoexperimentação é tão importante para a preservação da cientificidade da Conscienciologia, libertando o pesquisador de dogmas e mistificações.

Através da testagem empírica de hipóteses quanto às observações parapsíquicas, os participantes são encorajados a experi-

Debate no Curso *Acoplamentarium*. *Auditorium*, CEAEC.
Foto: Fabiana Carvalho, 2013.

mentar comportamentos diferentes do seu padrão costumeiro, fator essencial para compreender o funcionamento do próprio parapsiquismo.

Com a finalidade de explorar ainda mais a cientificidade da Conscienciologia no *Acoplamentarium*, os coordenadores do laboratório organizaram o *Manual do Acoplamentarium*.

Lançado no dia 21 de dezembro de 2011, este livro é resultado de 8 anos de trabalho da equipe do curso. Para esse fim, foram realizadas, de maneira sistemática, em mais de 60 turmas, a coleta de dados, a análise e a interpretação de fatos e parafatos dos fenômenos parapsíquicos ocorridos no laboratório.

O *Acoplamentarium* comporta 65 pessoas e é administrado por equipe de professores veteranos da Conscienciologia que auxiliam os alunos no desenvolvimento parapsíquico através das seguintes funções, dispostas em ordem alfabética:

1. **Apoio ao Aluno:** acolhe e acompanha os alunos, possibilitando a construção de vínculo de confiança e segurança para maior interação do aluno com a dinâmica do curso.

2. **Coordenação:** gerencia o curso objetivando o funcionamento harmônico da equipe do curso.

3. **Epicon:** epicentro consciencial, responsável pelos campos bioenergéticos.

4. **Médico:** acompanha, quando necessário, a saúde dos alunos.

5. **Técnico-Científico:** registra e analisa os fatos e parafatos. Almeja maior tecnicidade do desenvolvimento parapsíquico dos alunos.

6. **Técnico de Eventos:** organiza o ambiente físico do *Auditorium,* local onde ocorrem os debates sobre os experimentos parapsíquicos. Adequa a estrutura física para o bem-estar dos alunos.

7. **Técnico de Laboratório:** cuida da infraestrutura do laboratório *Acoplamentarium*. Promove ambiente propício para as experimentações e pesquisas parapsíquicas.

A CONSCIÊNCIA DE EQUIPE É O ÁPICE DA QUALIFICAÇÃO DO VOLUNTARIADO EVOLUTIVO, LÚCIDO, DA CONSCIN COGNOPOLITA QUANTO AO REMATE DA PROGRAMAÇÃO EXISTENCIAL EM GRUPO, OU A MAXIPROÉXIS.

(Vieira; 2012, p. 3.186)

Vista interna do Laboratório
Acoplamentarium.
Foto: Moacir Gonçalves, 2012.

ACOPLAMENTARIUM: PONTOAÇÕES DA PRIMEIRA DÉCADA

Esta seção retrata as pontoações, ou seja, as realizações quantificáveis do laboratório *Acoplamentarium* nesta primeira década. Os resultados referem-se ao período de 21 de fevereiro de 2003 a 22 de fevereiro de 2013.

Listagem de Monitores do Curso *Acoplamentarium* (2003-2012).

01. Adélio Conter	24. Humberto Teixeira	47. Myriam Sanchez
02. Adriana Chalita	25. Ivanilda Fernandes	48. Nara Oliveira
03. Albert Alves	26. Ivelise Vicenzi	49. Nazaré de Oliveira
04. Almir Justi	27. Jackeline Paludo	50. Patrícia Pialarissi
05. Ana Paula Firmato	28. Jeffrey Lloyd	51. Patrícia Takaki
06. Ana Vilela	29. João Paulo Ramos	52. Paulo Abrantes
07. Antonio Pitaguari	30. Juliana dos Remédios	53. Paulo Demétrios
08. Camila Felsky	31. Julio Almeida	54. Roberto Almeida
09. Carmen Freire	32. Karla Juliani	55. Roberto Kunz
10. Cesar Machado	33. Karla Ulman	56. Rosangela Piccoli
11. Cícero Schünemann	34. Laênio Loche	57. Rosemary Salles
12. Cristiane Ferraro	35. Lane Galdino	58. Sandra Rodrigues
13. Cristina Visintin	36. Luís Espósito	59. Sandra Tornieri
14. Dayane Rossa	37. Luiz Antunes	60. Sara Avelino
15. Eduardo Azevedo	38. Luziânia Medeiros	61. Silvana Kremer
16. Eduardo Martins	39. Magda Dantas	62. Stella Alcadipani
17. Eliana Esquiante	40. Maria Pessati	63. Tathiana Mota
18. Etsuko Onishi	41. Márcia Ebling	64. Telma Crespo
19. Fábio Marques	42. Mariana Molina	65. Tony Musskopf
20. Fernanda Schroeder	43. Marta Lopes	66. Valdirene Royer
21. Francisco Carvalho	44. Meracilde Daroit	67. Vassiliki Petalas
22. Gisele Salles	45. Milena Mascarenhas	68. Viviane Ribeiro
23. Giséllle Razera	46. Munir Bazzi	69. Waldson Dias

Em relação à coordenação registraram-se 9 voluntários representados cronologicamente na figura a seguir:

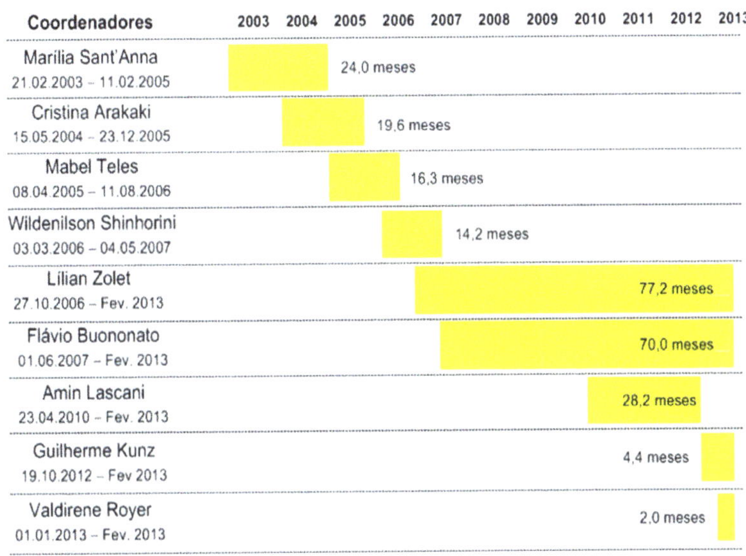

Uma das características do *Acoplamentarium,* que o diferencia dos demais laboratórios do CEAEC, é a experimentação grupal. Com isso, passaram pelo *Acoplamentarium* 1.766 pessoas, seja no contexto de aluno ou equipe. Se dividirmos pelos 115 cursos, encontramos a distribuição de 16 participantes novos para cada turma realizada. Dentro deste universo destacamos 10 pessoas que mais participaram na condição de aluno no *Acoplamentarium:*

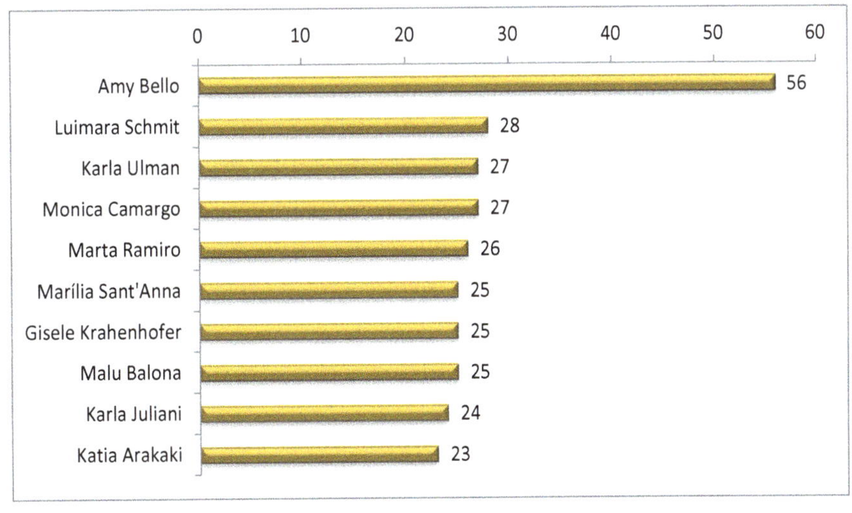

1. **Infraestrutura do laboratório:**
    - Capacidade máxima: 65 pessoas.
    - Acessórios técnicos: 11 artefatos.
    - Equipamentos eletroeletrônicos: 7 aparelhos.
    - Tempo de construção: 65 dias.
    - Metragem: 92,3 m^2.
    - Investimento na construção: R$ 86.108,11.

2. **Cursos:**
    - Turmas realizadas: 115 (até 21 de fevereiro de 2013).
    - Pessoas que participaram do curso ao menos 1 vez: 1.738 alunos.
    - Total de participações: 5.987 alunos.
    - Gênero dos alunos: 60% mulheres e 40% homens.
    - Países de origem dos alunos: 17 nacionalidades.
    - Localidades brasileiras: 25 estados + Distrito Federal.
    - Faixa etária predominante: 48% de meia idade.
    - Média de alunos por ano: 584 participações anuais.
    - Alunos que realizaram o curso pela primeira vez: média de 15,7% por turma.
    - Média de participantes por turma: 53 alunos.
    - *Acoplamentarium* temáticos: 28 temas.

3. **Equipe intrafísica:**
    - Epicons que atuaram no *Acoplamentarium:* 26.
    - Coordenadores que atuaram na primeira década: 9.
    - Monitores que atuam ou atuaram na primeira década: 69.

4. **Material didático:**
    - Estereogramas: 80 pranchas.
    - Manual do *Acoplamentarium*.

5. **Publicações:**

- Livro ***"Manual do* Acoplamentarium"**.
  I. **Zolet,** Lilian; & **Buononato,** Flávio; Orgs.; ***Manual do Acoplamentarium;*** revisores Antonio Pitaguari *et al.*; 160 p.; 1 E-mail; 63 enus.; 16 filmes; 24 fotos; 8 gráfs.; 27 ilus.; 64 pesquisadores de fenômenos parapsíquicos; 8 planilhas para autopesquisas; 5 tabs.; 151 taxologia dos sinais energéticos; 1 website; glos. 171 termos; 808 refs.; 6 anexos; 28 x 21 cm; br.; *Associação Internacional do Centro de Altos Estudos da Conscienciologia* (CEAEC); Foz do Iguaçu, PR; 2012.

- Artigos:
  I. **Arakaki,** Cristina; ***Responsabilidade Parapsíquica;*** Artigo; Anais da II Jornada da Parapercepciologia. *Conscientia;* Revista; Trimestral; Vol. 9; N. 3; Seção: Temas da Conscienciologia; *Associação Internacional do Centro de Altos Estudos da Conscienciologia* (CEAEC); Foz do Iguaçu, PR; Julho-Setembro, 2005; páginas 230 a 240.
  II. **Musskopf,** Tony; *et al.;* ***O Fenômeno da Clarividência no Laboratório Acoplamentarium: um Estudo de Campo;*** Artigo; Anais da III Jornada da Parapercepciologia. *Conscientia*; Revista; Trimestral; Vol. 13; N. 4; Seção: Temas da Conscienciologia; 4 enus.; 2 tabs.; 6 gráfs.; 7 refs.; *Associação Internacional do Centro de Altos Estudos da Conscienciologia* (CEAEC); Foz do Iguaçu, PR; Outubro-Dezembro, 2009; páginas 320 a 338.

ENTREVISTA COM O PROFESSOR WALDO VIEIRA

(Transcrição do Jornal do *Campus* CEAEC – Ano 8 – N. 94 – Maio/03 – p. 4)

"O *Acoplamentarium* tem feito muita gente mudar sua vida"

Por Cláudio Monteiro e Alexandre Nonato

O Jornal *Campus* CEAEC conversou com professor Waldo Vieira, a fim de obter uma avaliação dos sete primeiros eventos no *Acoplamentarium*. Vieira foi o único *epicon* do curso até o momento, mas já adiantou: "Temos que preparar outros epicons para o *Acoplamentarium*... é preciso observar quem aparece com o perfil adequado e que os amparadores estejam atuando junto". Ele também falou sobre o efeito do curso nos alunos e no *holopensene*[1] do CEAEC.

Faça um balanço sobre os resultados do *Acoplamentarium*.

Waldo Vieira: Até o momento, eu acho o *Acoplamentarium* um sucesso. Ele ultrapassou as expectativas e começamos a colher os resultados que eu só esperava obter daqui a um ano. Os resultados são: o aumento do interesse das pessoas em relação ao parapsiquismo. Temos que preparar outros epicons para o *Acoplamentarium* e isso vai ter que ser criado aqui dentro do CEAEC, com a prata da casa. É preciso observar quem aparece com o perfil adequado e que os amparadores estejam atuando junto. Não podemos jogar uma pessoa na linha de fogo e, mesmo que a pessoa queira ser *epicon*[2], muitas vezes ela não está preparada.

Eu acho que algumas pessoas têm que fazer mais de uma vez o *Acoplamentarium* para se entrosar melhor e desenvolver o parapsiquismo. O curso funciona com muita eficiência e agiliza o processo da *sinalética*[3] e o desassédio

---

1. **Holopensene.** Pensamentos, sentimentos e energias agregados ou consolidados.

2. **Epicon.** Epicentro Consciencial. Consciência Intrafísica chave que se torna um fulcro de lucidez, assistencialidade e construtividade interdimensional.

de todos os tipos. A predominância do desassédio é o emocional ou psicossomático. Outra coisa, que a turma de modo geral não sabe, é que o *Acoplamentarium* tem feito muita gente mudar sua vida. É sutil e quase ninguém está percebendo. A maior força do *Acoplamentarium* é nesse sentido e deve estar havendo um desassédio muito sério nessas pessoas que mudam de uma hora para outra. São pessoas que tiveram experiências em vários cursos da Conscienciologia, mas que não mexeram em suas vidas. O *Acoplamentarium* potencializa o parapsiquismo e dá um impacto nas pessoas pelo jeito como ele funciona. É uma reunião em grupo muito intensiva, parecida com uma caixa de fósforos ou sardinha em lata. Isso funciona com muita eficácia.

O *Acoplamentarium* é o curso mais avançado em relação ao parapsiquismo?

Waldo Vieira: Do jeito que está parece que sim. É difícil afirmar isso, porque ainda existem os cursos ECP2, Práticas do Parapsiquismo e outro sobre Projeção Consciente dado pelo professor Wagner Alegretti. Do ponto de vista de resultados, eficácia, atuação positiva nos alunos, o *Acoplamentarium* está entre os melhores cursos.

Qual o pré-requisito para ser um epicon do *Acoplamentarium*?

O problema mais sério é o assédio. Na hora que você começa a tentar enquadrar uma pessoa, surgem todas as situações possíveis para tentar desviá-la. Já houve casos aqui assim. Comecei a investir na pessoa e houve o desvio. É preciso ver quem finca, porque precisa ter um pouco de parapsiquismo para aguentar a barra e não pode entrar em assédio. Às vezes, a pessoa é ainda muito jovem, está muito enrolada, sem *dupla evolutiva*[4]. É difícil.

Há um padrão na equipe extrafísica que atua no *Acoplamentarium*?

Waldo Vieira: Em matéria de assédio extrafísico o *Acoplamentarium* é equivalente ao ECP2, mas há menos rebarbas, acidentes de percurso. Eu tenho uma explicação para isso: nós estamos fazendo tudo dentro de casa, o campo é da gente. No CEAEC o curso tem mais força. Se o curso é feito em outro lugar, não sei dizer se ele seria a mesma coisa. O Holociclo, a Holoteca, a *Basecon* e o resto do CEAEC influem no *Acoplamentarium* e vice-versa.

A equipe extrafísica varia muito conforme a turma que aparece e a assistência que precisa ser feita.

---

3. **Sinalética.** Conjunto de sinais personalíssimos que percebemos ao entrar em contato com outras consciências, intrafísicas ou extrafísicas, energias do ambiente, objetos e situações específicas. Tais sinais permitem a leitura ou interpretação dos fatos multidimensionais.

4. **Dupla Evolutiva.** Reunião de duas consciências intrafísicas, afins, maduras e lúcidas que vivem um relacionamento franco, desinibido e autêntico assentado na evolução intercooperativa a dois.

Alunos na saída do Laboratório *Acoplamentarium*.
Foto: Moacir Gonçalves, 2012.

PROSPECTIVA DO *ACOPLAMENTARIUM*

Tendo em vista a magnitude dos resultados assistenciais que o *Acoplamentarium* proporcionou nesta primeira década para alunos, pesquisadores, epicons e todas as consciências envolvidas direta e indiretamente neste empreendimento coletivo, é possível antever novos projetos e realizações para a próxima década, por exemplo:

01. Publicação de antologia de artigos especializada em *Acoplamentologia,* a ciência dedicada à pesquisa dos acoplamentos energéticos e seus efeitos.

02. Treinamento e formação de novos epicons, epicentros conscienciais, homens e mulheres.

03. Incremento do número de alunos e turmas ao longo dos anos, em função da crescente demanda pela autopesquisa e autoexperimentação parapsíquica.

04. Criação de novos cursos temáticos, especializados, com novas modalidades de experimentação parapsíquica, a exemplo do *Acoplamentarium* das duplas evolutivas, dos autorandos da Conscienciologia, dos tenepessistas (praticantes da tenepes, tarefa energética pessoal), dentre outros.

05. Emprego de tecnologias avançadas para estudos biomédicos e físico-químicos acerca dos efeitos do parapsiquismo sobre a fisiologia humana.

06. Desenvolvimento de novos métodos e instrumentos de pesquisa, aferição e matematização das parapercepções e parafenômenos.

07. Pesquisas a respeito dos efeitos terapêuticos, conscienciοterápicos e paraprofiláticos, ou seja, da relação entre a saúde

consciencial e as práticas interassistenciais promovidas no *Acoplamentarium*.

08. Aperfeiçoamento das técnicas de comunicação interdimensional diminuindo as dificuldades recíprocas de interação entre as consciências intrafísicas e extrafísicas.

09. Expansão da *Acoplamentologia* através da construção de novos laboratórios em outros *campi* da Conscienciologia, no Brasil e exterior.

10. Contribuição para a conquista da condição de *despertidade,* ou seja, do estado do *ser desperto* – *des*assediado, *per*manente, *to*tal, no qual a personalidade, homem ou mulher, é capaz de viver livre das intrusões patológicas alheias, sustentado pelo autoparapsiquismo lúcido, cosmoético e interassistencial.

Placa fixada na entrada do laboratório *Acoplamentarium*. *Campus* CEAEC.
Foto: Wildenilson Sinhorini, 2013.

EPICONS

Adriana Lopes: (1965–). Engenheira e Psicóloga; voluntária da Conscienciologia desde 1995; docente em Conscienciologia desde 1999; consciencioterapeuta de 2000 a 2007.

Cristina Arakaki: (1967–). Consultora Jurídica; voluntária da Conscienciologia desde 1995; docente da Conscienciologia desde 1997.

Alcir Alves: (1959–). Empresário; voluntário da Conscienciologia desde 1998; docente da Conscienciologia desde 1994.

Everaldo Bergonzini: (1963–). Engenheiro, Psicólogo e Empresário; voluntário da Conscienciologia desde 1992; docente em Conscienciologia desde 1995; consciencioterapeuta desde 2012.

Alexander Steiner: (1969–). Médico; voluntário da Conscienciologia desde 1986; docente da Conscienciologia desde 1990; consciencioterapeuta desde 2012.

Everton Santos: (1961–). Professor universitário, Arquiteto e Urbanista; voluntário da Conscienciologia desde 1994; docente em Conscienciologia desde 2000.

Amin Lascani: (1954–). Engenheiro e Professor universitário; voluntário da Conscienciologia desde 1992; docente em Conscienciologia desde 1993.

Félix Wong: (1952–). Engenheiro; voluntário da Conscienciologia desde 2001; docente em Conscienciologia desde 2001.

Ana Luiza Resende: (1970–). Engenheira; voluntária da Conscienciologia desde 1994; docente em Conscienciologia desde 1994.

Frederico Ganem: (1970–). Engenheiro; voluntário da Conscienciologia desde 1997; docente da Conscienciologia desde 1999.

Hernande Leite: (1958–). Médico e Empresário; voluntário da Conscienciologia desde 1994; docente em Conscienciologia desde 1995; conscienciote-rapeuta desde 2000.

Luiz Gonçalves: (1975–). Médico; voluntário da Conscienciologia desde 2003; docente da Conscienciologia desde 2004; conscienciote-rapeuta desde 2005.

Ítalo Martins: (1969–). Psicólogo; voluntário da Conscienciologia desde 1993; docente da Conscienciologia desde 1995.

Mabel Telles: (1966–). Professora universitária; voluntária da Conscienciologia desde 1993; docente em Conscienciologia desde 1994.

João Bonassi: (1968–). Empresário e Psicólogo; voluntário da Conscienciologia desde 1991; docente em Conscienciologia desde 1993.

Marcelo Silva: (1973–). Economista e Professor universitário; voluntário da Conscienciologia desde 1994; docente em Conscienciologia desde 1996.

Kátia Arakaki: (1971–). Psicóloga; voluntária da Conscienciologia desde 1995; docente em Conscienciologia desde 1996.

Marina Thomaz: (1953–). Psicóloga; voluntária da Conscienciologia desde 1987; docente em Conscienciologia desde 1989.

Leonardo Firmato: (1967–). Engenheiro; voluntário da Conscienciologia desde 1994; docente em Conscienciologia desde 1995.

Mário Oliveira: (1954–). Engenheiro, Psicólogo e Empresário; voluntário da Conscienciologia desde 1992; docente em Conscienciologia desde 2001; conscienciote-rapeuta de 2001 a 2007.

Moacir Gonçalves: (1943–). Assessor Administrativo; voluntário da Conscienciologia desde 1982; docente em Conscienciologia desde 1996.

Ruy Bueno: (1969–). Psicólogo e Professor universitário, voluntário da Conscienciologia desde 1991; docente em Conscienciologia desde 1992.

Nário Takimoto: (1967–). Médico; voluntário da Conscienciologia desde 1995; docente da Conscienciologia desde 1996; conscienciotera-peuta desde 1998.

Wagner Alegretti: (1961–). Engenheiro; voluntário da Conscienciologia desde 1985; docente em Conscienciologia desde 1985.

Nanci Trivellato: (1963–). Formada em Letras; voluntária da Conscienciologia desde 1992; docente em Conscienciologia desde 1992.

Waldo Vieira: (1932–). Médico e odontólogo; propositor das ciências Conscienciologia e Projeciologia.

Pedro Fernandes: (1974–). Médico, voluntário da Conscienciologia desde 1991; docente em Conscienciologia desde 1996; consciencioterapeuta de 2004 a 2005.

Wildenilson Sinhorini: (1972–). Administrador; voluntário da Conscienciologia desde 1994; docente em Conscienciologia desde 1994.

Phelipe Mansur: (1983–). Empresário, voluntário da Conscienciologia desde 2002; docente em Conscienciologia desde 2003.

REFERÊNCIAS BIBLIOGRÁFICAS

01. ***Associação Internacional do Centro de Altos Estudos da Conscienciologia* (CEAEC);** *Online; disponível em:* < http://www.ceaec.org.br>; acesso em: 05.03.13; 15h37.

02. **Buononato,** Flávio; **Fatos e Parafatos da Cognópolis Foz do Iguaçu 2011; Versão Protótipo do Anuário da Conscienciologia;** revisores Ana Bomfim; Antonio Pitaguari; & Ulisses Schlosser; 128 p.; 1 cronologia; 20 *E-mails;* 92 enus.; 33 fotos; 14 gráfs.; 24 ilus.; 4 tabs.; 21 *Websites*; glos. 69 termos; 28 x 21 cm.; br.; *Editares;* Foz do Iguaçu, PR; 2012; páginas 13 a 15.

03. **CEAEC; *Cognópolis-Cidade do Conhecimento;*** CEAEC *Newsletter;* Revista; Vol.4; N.1; 64 fotos; Foz do Iguaçu, PR; 2005; páginas 2, 3, 6, 19 e 40.

04. **Ferraro,** Cristiane; ***Histórico da Tenepes;*** Artigo; Anais do I Congresso Internacional de Tenepessologia & V Encontro Internacional de Tenepessistas. Foz do Iguaçu, PR; 17.12.2012; *Conscientia;* Revista Trimestral; Vol. 16; N. 1; Seção: *Temas da Conscienciologia; Associação Internacional do Centro de Altos Estudos da Conscienciologia* (CEAEC); Foz do Iguaçu, PR; Janeiro-Março, 2012; páginas 3 a 17.

05. **Muskopf,** Tony; *et al*; ***O Fenômeno da Clarividência no Laboratório Acoplamentarium: Um Estudo de Campo;*** Artigo; Anais da III Jornada da Parapercepciologia. Foz do Iguaçu; PR; 16.07.10; *Conscientia;* Revista; Trimestral; Vol. 4; N. 13; Seção: *Temas da Conscienciologia;* 4 enus.; 2 tabs.; 6 gráfs.; 7 refs.; *Associação Internacional do Centro de Altos Estudos da Conscienciologia* (CEAEC); Foz do Iguaçu, PR; Outubro-Dezembro, 2009; páginas 320 a 338.

06. **Muskopf,** Tony;***Autenticidade Consciencial;*** pref. Kátia Arakaki; revisores Claudio Lima; *et al*; 376 p.; 107 caps.; 6 seções; 71 abrevs.; 22 *E-mails;* 155 enus.; 81 estrangeirismos; 1 microbiografia; 10 perguntas; 10 respostas; 3 tabs.; 19 *Websites*; glos. 237 termos; glos. 11 termos neológicos; 6 filmes; 508 refs.; 1 anexo; alf.; geo.; ono.; 23,5 x 16,5 cm.; br.; *Editares;* Foz do Iguaçu, PR; 2012.

07. **Oliveira,** Nara; ***Foz do Iguaçu Intercultural: Cotidiano e Narrativas da Alteridade;*** revisores Everton Santos; & Rosemary Salles; 192 p.; 3 caps.; 51 fotos; 1 gráf.; 8 ilus.; 1 infográfico; 2 mapas; 18 microbiografias; 3 tabs.; 2 *Websites;* 14 refs.; 2 anexos; alf.; geo.; ono; 23 x 16 cm; br; *Epígrafe;* Foz do Iguaçu, PR; 2012.

08. **Parque Tecnológico ITAIPU (PTI);** Online; disponível em: <http:// www.pti.org.br> laboratórios / acoplamentarium ; acesso em 10.12.12; 16h23.

09. **Steiner,** Alexander; ***Parapsiquismo Sadio;*** Psique Ciência & Vida; Revista; Mensário; Edição de Aniversário; Ano IV; N. 48; Seção: *Dossiê / Fora do Corpo e Consciente;* 1 filmografia; 1 foto; 4 ilus.; 1 microbiografia; 2 *Websites;* São Paulo, SP; Janeiro, 2010; páginas 6 a 9.
10. **Vieira,** Waldo; ***Acoplamentarium tem feito Muita Gente Mudar sua Vida;*** *Jornal do Campus* CEAEC*;* Ano 8; N. 94; *Associação Internacional do Centro de Altos estudos da Conscienciologia* (CEAEC); Foz do Iguaçu, PR; Maio, 2008; página 4.
11. **Idem;** ***Acoplamentarium desenvolverá Parapercepções;*** Jornal do Campus CEAEC; Ano 8; N. 88; Seção: *Capa / Acoplamentarium; Associação Internacional do Centro de Altos Estudos da Conscienciologia* (CEAEC); Foz do Iguaçu, PR; Novembro, 2002; página 4.
12. **Idem;** ***Assimilação Energética Antipática;*** Artigo; *Conscientia*; Revista; Trimestral; Vol. 3; N. 2; Seção: *Temas da Conscienciologia; Associação Internacional do Centro de Altos Estudos da Conscienciologia* (CEAEC); Foz do Iguaçu, PR; Abril-Junho, 1999; página 63.
13. **Idem;** ***700 Experimentos da Conscienciologia;*** 1058 p.; 40 seções; 100 subseções; 700 caps.; 147 abrevs.; 2 cronologias; 600 enus.; 272 estrangeirismos; 2 tabs.; 300 testes; glos. 280 termos; 5. 116 refs.; alf.; geo.; ono.; 28,5 x 21,5 x 7 cm.; enc.; *Instituto Internacional de Projeciologia;* Rio de Janeiro, RJ; 1994; páginas 66 e 92.
14. **Idem;** ***Balneário Energético;*** Artigo; *Conscientia;* Revista; Trimestral; Vol. 3; N. 4; Seção: *Temas da Conscienciologia;* Associação Internacional do Centro de Altos Estudos da Conscienciologia (CEAEC); Foz do Iguaçu, PR; Outubro-Dezembro, 1999; página 207.
15. **Idem;** ***Cognópolis: Cidade do Conhecimento;*** CEAEC *Newsletter;* Revista; Vol 1; N. 1; 1 ilus.; 1 microbiografia; Foz do Iguaçu, PR; 1999; página 30.
16. **Idem;** ***Conscienciograma: Técnica de Avaliação da Consciência Integral;*** revisor Alexander Steiner; 344 p.; 150 abrevs.; 11 enus.; 100 folhas de avaliação; 4 índices; 2000 itens; glos. 282 termos; 7 refs.; alf.; 21 x 14 cm; br; *Instituto Internacional de Projeciologia;* Rio de Janeiro, RJ; 1996; páginas 52 a 71.
17. **Idem;** ***Enciclopédia da Conscienciologia Eletrônica;*** revisores do Holociclo; 1 CD-ROM; 2.146 verbetes; 300 especialidades; 7ª Ed.; *Editares; Associação Internacional do Centro de Altos Estudos da Conscienciologia* (CEAEC); *Associação Internacional de Comunicação Conscienciológica* (COMUNICONS); Foz do Iguaçu, PR; 2012; (Taxologia Holotecária. Holotecologia. Holociclo. Equipe Técnica do Holociclo. Consciência de Equipe. Equipe de Epicons Lúcidos e Radicação Vitalícia na Cognópolis) páginas 92, 3.643, e 5.960.
18. **idem;** ***Homo sapiens pacificus;*** 1.584 p.; 413 caps.; 403 abrevs.; 434 enus.; 37 ilus.; 7 indices; 240 sinopses; glos. 241 termos; 9.625 refs.; alf.; geo.; ono.; 29 x 21,5 x 7 cm.; enc.; 3a Ed. Gratuita; *Associacao Internacionaldo Centro de Altos Estudos da Conscienciologia* (CEAEC); & *Associacão Internacional Editares;* Foz do Iguacu, PR; 2007 (Edição em Português).

19. **Idem; *Homo sapiens reurbanisatus;*** 1.584 p.; 479 caps.; 139 abrevs.; 40 ilus.; 7 indices; 102 sinopses; glos. 241 termos; 7.655 refs.; alf.; geo.; ono.; 29 x 21 x 7 cm; enc.; 3a Ed. Gratuita; *Associacao Internacional do Centro de Altos Estudos da Conscienciologia* (CEAEC); Foz do Iguaçu, PR; 2004 (Edição em Português); páginas 128, 133, 337, 813 e 821.
20. **Idem; *Nossa Evolução;*** 168 p.; 15 caps.; 149 abrevs.; glos. 282 termos; 6 refs.; alf.; 21 x 14 cm; br.; *Instituto Internacional de Projeciologia;* Rio de Janeiro, RJ; 1996; página 87.
21. **Idem; *Projeciologia: Panorama das Experiências da Consciência Fora do Corpo Humano;*** 1.248 p.; 18 seções; 525 caps.; 150 abrevs.; 43 ilus.; 5 indices; 1 sinopse; glos. 300 termos; 2.041 refs.; alf.; geo.; ono.; 28 x 21 x 7 cm; enc.; 4a Ed. revisada e ampliada; *Instituto Internacional de Projeciologia e Conscienciologia* (IIPC); Rio de Janeiro, RJ; 1999; paginas 11, 22, 33, 42, 57, 58, 66 e 74.
22. **Zolet,** Lílian; **Buononato,** Flávio; Orgs.; ***Manual de Acoplamentari um;*** revisores Antonio Pitaguari; *et al;* 160 p.; 1 *E-mail;* 63 enus.; 16 filmes; 24 fotos; 8 gráfs.; 27 ilus.; 64 pesquisadores de fenômenos parapsíquicos; 8 planilhas para autopesquisas; 5 tabs.; 151 taxologias dos sinais energéticos; 1 *Website;* 6 anexos; glos. 171 termos; 808 refs.; 28 x 21 cm; br.; *Associação Internacional do Centro de Altos Estudos da Conscienciologia* (CEAEC); Foz do Iguaçu, PR; 2012; página 9.

LEITURA RECOMENDADA

01. **Alegretti**, Wagner; ***Retrocognições: Pesquisa da Memória de Vivências Passadas;*** *Instituto Internacional de Projeciologia e Conscienciologia* (IIPC); Rio de Janeiro, RJ; 2000.

02. **Arakaki,** Cristina; ***Acoplamentarium: Experimentologia Grupal Avançada;*** Revista *Conscientia; Associação Internacional do Centro de Altos Estudos da Concienciologia* (CEAEC); Rio de Janeiro, RJ; Abril-Junho, 2004.

03. **Arakaki,** Cristina; ***Responsabilidade Parapsíquica;*** Revista *Conscientia; Associação Internacional do Centro de Altos Estudos da Conscienciologia* (CEAEC); Rio de Janeiro, RJ; Julho-Setembro, 2005.

04. **Athayde**, Tadeu; ***Desassimilação Energética Lenta;*** Revista *Conscientia; Associação Internacional do Centro de Altos Estudos da Conscienciologia* (CEAEC); Rio de Janeiro, RJ; Julho-Setembro, 2005.

05. **Ball**, Philip; ***O Médico do Demônio: Paracelso e o Mundo da Magia e da Ciência Renascentista;*** *Imago;* Rio de Janeiro, RJ; 2006.

06. **Bello,** Amy; **& Presoto,** Bartira; ***Dinâmica Mentalsomática Parapsíquica pela Técnica do Cosmograma;*** Revista *Conscientia;* Anais da III Jornada de Parapercepciologia e I Fórum de Pesquisas das Dinâmicas; *Associação Internacional do Centro de Altos Estudos da Conscienciologia* (CEAEC); Foz do Iguaçu, PR; Outubro-Dezembro, 2009.

07. **Broad,** William J.; ***O Oráculo: O Segredo da Antiga Delfos*** *(The Oracle: The Lost Secrets and Hidden Message of Ancient Delphi); Nova Fronteira;* Rio de Janeiro, RJ; 2006.

08. **Bruton**, Paul; ***O Egito Secreto;*** *Pensamento;* São Paulo, SP; 1997.

09. **Campbell**, Joseph; ***As Transformações do Mito através dos Tempos;*** *Cultrix;* São Paulo, SP; 1990.

10. **Cheng,** Anne; ***História do Pensamento Chinês;*** *Vozes*; São Paulo, SP; 1997.

11. **Couto,** Cirlene; ***Contrapontos do Parapsiquismo: Superação do Assédio Interconsciencial Rumo à Desassedialidade Permanente Total;*** *Editares;* Foz do Iguaçu, PR; 2010.

12. **Cranston,** Sylvia; ***Helena Blavatsky;*** *Teosófica;* Brasília, DF; 1997.

13. **Daou,** Dulce; ***Autoconscientização e Multidimensionalidade;*** *Editares;* Foz do Iguaçu, PR; 2005.

14. **David**, Rosalie; ***Religião e Magia no Antigo Egito;*** *Difel;* Portugal; 2011.

15. **Doyle**, Arthur Conan; ***História do Espiritismo;*** Pensamento; São Paulo, SP; 2008.

16. **Eliade,** Mircea; ***História das Crenças e das Ideias Religiosas;*** *Zahar;* Rio de Janeiro, RJ; 2010.

17. **Encausse,** Gérard A. V. (Pseudônimo Papus); ***A Cabala;*** *Martins Fontes;* São Paulo, SP; 2003.
18. **Fernandes,** Ivanilda; & **Machado**, Daniel; ***Laboratórios Conscienciológicos do CEAEC: Uma Proposta para a Pesquisa da Consciência;*** Revista *Conscientia; Associação Internacional do Centro de Altos Estudos da Conscienciologia* (CEAEC); Foz do Iguaçu, PR; Julho-Setembro; 1998.
19. **Gesing,** Alzira; ***Técnica do Acoplamento com o Amparo;*** Revista *Conscientia; Associação Internacional do Centro de Altos Estudos da Conscienciologia* (CEAEC); Foz do Iguaçu, PR; Abril-Junho; 2003.
20. **Gonçalves,** Moacir; & **Paludo,** Jackeline; ***Grupo de Desenvolvimento do Parapsiquismo na Prática;*** Revista *Conscientia; Associação Internacional do Centro de Altos Estudos da Conscienciologia* (CEAEC); Foz do Iguaçu, PR; Julho-Setembro, 2002.
21. **Gonçalves**, Moacir; & **Salles**, Rosemary***; Dinâmicas Parapsíquicas do CEAEC: Histórico e Estatística de 2003*** à ***2009;*** Revista *Conscientia:* Anais da III Jornada da Parapercepciologia*; Associação Internacional do Centro de Altos Estudos da Conscienciologia* (CEAEC); Foz do Iguaçu, PR; Outubro-Dezembro, 2010.
22. **Gonçalves**, Moacir; & **Salles**, Rosemary***; Dinâmicas Parapsíquicas: Desenvolvimento do Parapsiquismo na Prática;*** *Editares;* Foz do Iguaçu, PR; 2011.
23. **Haymann**, Maximiliano; ***Autoexperimentações Parapsíquicas na Coordenação do Curso ECP2;*** Revista *Conscientia; Associação Internacional do Centro de Altos Estudos da Conscienciologia* (CEAEC); Foz do Iguaçu, PR; Outubro-Dezembro, 2011.
24. **Jacquemard**, Simonne; ***Pitágoras e a Harmonia das Esferas*** *(Pythagore et l'Harmonie des Sphères); Difel;* Rio de Janeiro, RJ; 2004.
25. ***Lachman,*** Gary; ***A História Secreta da Política Ocidental;*** Cultrix; São Paulo, SP; 2010.
26. ***Leite,*** Hernande; ***Parapercepções em um Campo Assistencial Holossomático;*** Revista *Conscientia;* Anais da II Jornada da Parapercepciologia; *Associação Internacional do Centro de Altos Estudos da Conscienciologia* (CEAEC); Foz do Iguaçu, PR; Julho-Setembro, 2005.
27. **Levi,** Eliphas; ***História da Magia;*** *Pensamento;* São Paulo, SP; 2010.
28. **Loche,** Laênio; ***Vontade e Parapsiquismo;*** Revista *Conscientia;* Anais da I Jornada de Parapercepciologia; Foz do Iguaçu, PR; Julho-Setembro, 2002.
29. **Lutfi**, Lucy; ***Voltei para Contar: Autobiografia de uma Experimentadora da Quase-morte;*** *Editares;* Foz do Iguaçu, PR; 2006.
30. **Lutyens,** Mary; ***Vida e Morte de*** **Krishnamurti;** *Teosófica;* Brasília, DF; 1996.
31. **MacCalman,** Iain; ***O Último Alquimista;*** *Rocco;* Rio de Janeiro; RJ; 2003.
32. **Magalhães,** Samuel Nunes; ***Charles Richet;*** *FEB;* Rio de Janeiro, RJ; 2007.
33. **Medeiros,** Rodrigo, ***Clarividência: Teoria e Prática;*** *Editares;* Foz do Iguaçu, PR; 2012.

34. **Meek,** George W.; ***As Curas Paranormais: Como se Processam*** *(Healers and the Healing Process); Pensamento*; São Paulo, SP; 1995.
35. **Nicholson,** *Reynolds;* ***Os Místicos do Irã;*** *Madras;* São Paulo, SP; 2003.
36. **Oliveira**, Mário; ***Desenvolvimento do Parapsiquismo;*** Revista *Conscientia;* Anais da III Cinvéxis; *Editares;* Foz do Iguaçu; PR; Setembro-Outubro; 2002.
37. **Oliveira,** *Nilse;* & **Nascimento,** Marco Antonio; ***Proposta para Sistematização de Registros para Pesquisa no Curso ECP2;*** Revista *Conscientia*; Anais da III Jornada da Parapercepciologia; Foz do Iguaçu, PR; Outubro-Dezembro, 2009.
38. **Patai,** Rafael; ***Os Alquimistas Judeus;*** *Perspectiva;* São Paulo, SP; 1994.
39. ***Pereira,*** Adriane; ***Holociclo: Fábrica Mentalsomática;*** Revista *Conscientia; Associação Internacional do Centro de Altos Estudos da Conscienciologia* (CEAEC); Foz do Iguaçu, PR; Outubro-Dezembro, 2000.
40. **Rogick,** Flávia; ***Autopesquisologia: Rumo ao Parapsiquismo Cosmoético;*** Revista *Conscientia*; Anais da I Jornada de Parapercepci ologia; *Associação Internacional do Centro de Altos Estudos da Conscienciologia* (CEAEC); Foz do Iguaçu, PR; Julho-Setembro, 2002.
41. **Rossa**, Dayane; ***Estudo da Ampliação da Clarividência Facial a Partir da Potencialização de Campo Ectoplásmico;*** Revista *Conscientia;* Anais da III Jornada de Parapercepciologia; *Associação Internacional do Centro de Altos Estudos da Conscienciologia* (CEAEC); Foz do Iguaçu, PR; Outubro-Dezembro, 2009.
42. **Rossa**, Dayane; **Razera**, Giséllle; & **Zolet**, Lilian; ***Monitoria de Eventos: Proposta de Ferramenta para Desenvolvimento do Parapsiquismo Assistencial***; Revista *Conscientia; Associação Internacional do Centro de Altos Estudos da Conscienciologia* (CEAEC); Foz do Iguaçu, PR; Outubro-Dezembro, 2007.
43. **Santos**, Mario Ferreira dos; ***Pitágoras e o Tema do Número;*** *Matese;* Rio de Janeiro, RJ; 1995.
44. **Santos**, Mario Ferreira dos; ***Tratado de Simbólica;*** *Livraria Logros;* São Paulo, SP; 1963.
45. **Schlosser**, Ulisses; ***Categorização Paraepistemiológica dos Táxons da Imageticologia na Clarividência;*** Revista *Conscientia;* Anais do II Congresso Internacional de Verponologia; *Associação Internacional do Centro de Altos Estudos da Conscienciologia* (CEAEC); Foz do Iguaçu, PR; Janeiro-Março, 2011.
46. **Schlosser**, Ulisses; ***Técnica para o Ajustamento Parafisiológico da Sintonia Visual na Clarividência;*** Revista *Conscientia; Associação Internacional do Centro de Altos Estudos da Conscienciologia* (CEAEC); Foz do Iguaçu, PR; Julho-Setembro, 2007.
47. ***Schneider,*** João Ricardo; ***Hipóteses em Parafenomenologia;*** Revista *Conscientia;* II Jornada da Parapercepciologia; *Associação Internacional do Centro de Altos Estudos da Conscienciologia* (CEAEC); Foz do Iguaçu, PR; Julho-Setembro, 2005.

48. **Takimoto**, Nário; ***O Papel da Autoconsciencioterapia na Saúde Parapsíquica;*** Revista *Conscientia*; Anais da II Jornada da Parapercepciologia; *Associação Internacional do Centro de Altos Estudos da Conscienciologia* (CEAEC); Foz do Iguaçu, PR; Julho-Setembro, 2005.
49. **Teles,** Mabel; ***Profilaxia das Manipulações Conscienciais; Editares;*** Foz do Iguaçu, PR; 2007.
50. **Teles,** Mabel; **Reciclagem Parapsíquica;** Revista *Conscientia*; Anais da I Jornada de Parapercepciologia; *Associação Internacional do Centro de Altos Estudos da Conscienciologia* (CEAEC); Foz do Iguaçu, PR; Julho-Setembro, 2002.
51. **Vieira**, Gustavo; ***Parapsiquismo e Desassedialidade;*** Revista *Conscientia*; Anais da I Jornada de Parapercepciologia; *Associação Internacional do Centro de Altos Estudos da Conscienciologia* (CEAEC); Foz do Iguaçu, PR; Julho-Setembro, 2002.
52. **Wantuil**, Zeus; & **Thiesen**, Francisco; ***Allan Kardec;*** *FEB*; Rio de Janeiro, RJ; 1979.
53. **Weisberg,** Barbara*;* ***Falando com os Mortos;*** *Nova Fronteira*; Rio de Janeiro, RJ; 2011.
54. **Yates**, Frances; ***Giordano Bruno e a Tradição Hermética;*** *Círculo do Livro;* Rio de Janeiro, RJ; 1964.
55. **Yates**, Frances; ***O Iluminismo Rosa-Cruz;*** Cultrix, São Paulo, SP, 1972.
56. **Zimmer**, Heirich; ***Filosofias da Índia;*** *Atheneu*; São Paulo, SP; 1991.
57. **Zolet,** Lilian; ***Superação da Labilidade Parapsíquica Através da Autopesquisa;*** Revista *Conscientia*; *Associação Internacional do Centro de Altos Estudos da Conscienciologia* (CEAEC); Foz do Iguaçu, PR; Julho-Setembro, 2008.

INSTITUIÇÕES CONSCIENCIOCÊNTRICAS (ICS)

ICs. As Instituições Conscienciocêntricas – ICs – são organizações cujos objetivos, metodologias de trabalho e modelos organizacionais estão fundamentados no *Paradigma Consciencial.* A atividade principal das ICs é apoiar a evolução das consciências através da *tarefa do esclarecimento* pautada pelas *verdades relativas de ponta,* encontradas nas pesquisas no campo da Ciência Conscienciologia e especialidades.

Voluntariado. Todas as Instituições Conscienciocêntricas são associações independentes, de caráter privado, sem fins de lucro e mantidas predominantemente pelo trabalho voluntário de professores, pesquisadores, administradores e profissionais de diversas áreas.

CCCI. O conjunto das Instituições Conscienciocêntricas e dos voluntários da Conscienciologia no planeta compõe a *Comunidade Conscienciológica Cosmoética Internacional* – CCCI – formada atualmente por 20 ICs, incluindo a *Associação Internacional Editares.*

AIEC – Associação Internacional para Expansão da Conscienciologia

Fundação: 22/04/2005
Sede: Av. Felipe Wandscheer, 5.100, sala 111, Cognópolis,
CEP: 85856-530, Foz do Iguaçu, Paraná, Brasil
Tel.: (45) 2102-1411
Site: www.worldaiec.org
Contato: aiec.comunicacao@gmail.com
Campus Discernimentum
Av. Felipe Wandscheer, 5.100, sala 201, Cognópolis,
CEP: 85856-530, Foz do Iguaçu, Paraná, Brasil
Tel.: (45) 2102-1400
Contato: contato@discernimentum.org

APEX – Associação Internacional da Programação Existencial

Fundação: 20/02/2007

Sede: Rua da Cosmoética, 1.511, Cognópolis,
Caixa Postal 921, Centro, CEP: 85851-000, Foz do Iguaçu,
Paraná, Brasil

Tel.: (45) 3525-2652 – Fax: (45) 3525-5511

Site: www.apexinternacional.org

Contato: contato@apexinternacional.org

ARACÊ – Associação Internacional para Evolução da Consciência

Fundação: 14/04/2001

Sede: Rua Goiás, 28, Vila da Mata, CEP: 29375-000, Caixa
Postal 16, Venda Nova do Imigrante, Espírito Santo, Brasil

VOIP: (11) 3522-9190

Representação: Av. Felipe Wandscheer, 5.100, sala 102,
Cognópolis, CEP: 85856-530 – Foz do Iguaçu, Paraná, Brasil

Tel.: (45) 2102-1410

Site: www.arace.com.br

Contato: associacao@arace.com.br

ASSINVÉXIS – Associação Internacional de Inversão Existencial

Fundação: 22/07/2004

Sede: Av. Felipe Wandscheer, 5.100, sala 106, Cognópolis,
CEP: 85856-530, Foz do Iguaçu, Paraná, Brasil

Tel.: (45) 2102-1406

Site: www.assinvexis.org

Contato: contato@assinvexis.org

ASSIPEC – Associação Internacional de Pesquisas da Conscienciologia

Fundação: 14/08/2011

Consciencológica do dia 14/08/2011.

Sede: Rua XV de Novembro, 1.681, Vila Municipal,
CEP: 13201-006, Jundiaí, São Paulo, Brasil

Tel.: (11) 4521-8541

Site: www.assipec.org

Contato: assipec@assipec.org

ASSIPI – Associação Internacional de Parapsiquismo Interassistencial

Fundação: 29/12/2011
Sede: Av. Felipe Wandscheer, 5.100, sala 212, Cognópolis,
CEP: 85856-530, Foz do Iguaçu, Paraná, Brasil
Tel.: (11) 2102-1421 VOIP: (45) 4053-9818
Site: www.assipi.org
Contato: assipi@assipi.com

CEAEC – Associação Internacional do Centro de Altos Estudos da Conscienciologia

Fundação: 15/07/1995
Sede: Rua da Cosmoética, 1.511, Cognópolis, Caixa Postal 921, Centro,
CEP: 85851-000, Foz do Iguaçu, Paraná, Brasil
Tel.: (45) 3525-2652, Fax: (45) 3525-5511
Site: www.ceaec.org
Contato: ceaec@ceaec.org

COMUNICONS – Associação Internacional de Comunicação Conscienciológica

Fundação: 24/07/2005
Sede: Av. Felipe Wandscheer, 5.100, sala 206, Cognópolis,
CEP: 85856-530, Foz do Iguaçu, Paraná, Brasil
Tel.: (45) 2102-1409
Site: www.comunicons.org.br
Contato: comunicons@comunicons.org

CONSCIUS – Associação Internacional de Conscienciometria

Fundação: 24/02/2006
Sede: Rua da Cosmoética, 1.511, Cognópolis, Caixa Postal 921, Centro,
CEP: 85851-000, Foz do Iguaçu, Paraná, Brasil
Tel.: (45) 3525-2652 – Fax: (45) 3525-5511
***Site*:** www.conscius.org.br
Contato: conscius@conscius.org.br

EDITARES – Associação Internacional Editares

Fundação: 23/10/2004
Sede: Av. Felipe Wandscheer, 5.100, sala 107, Cognópolis,
CEP: 85856-530, Foz do Iguaçu, Paraná, Brasil
Tel.: (45) 2102-1407, VOIP: (45) 4053-953
Site: www.editares.org
Shopcons: www.shopcons.com.br (portal de compra de livros)
Contato: editares@editares.org

EVOLUCIN – Associação Internacional de Conscienciologia para Infância

Fundação: 09/07/2006
Sede: R. Barão do Triunfo, 419, sala 302, CEP: 90130-101,
Porto Alegre, RS
Representação: Av. Felipe Wandscheer, 5.100, sala 102,
Cognópolis,
CEP: 85856-530, Foz do Iguaçu, Paraná, Brasil
Tel.: (51) 3012-2562
Site: www.evolucin.org
Contato: evolucin@gmail.com

IAC – International Academy of Consciousness

Fundação: 28/10/2000
Sede: *Campus* IAC, EN18, Km 236 – Herdade da Marmeleira,
7100-300,
Evoramonte, Portugal
Representação no Brasil: Av. Felipe Wandscheer, 5.100, sala
204, Cognópolis CEP: 85856-530, Foz do Iguaçu, Paraná, Brasil
Tel.: (45) 2102-1424
Site: www.iacworld.org
Contato: A/C de Verónica Serrano
veronica.serrano@iacworld.org *ou* brasil@iacworld.org

IIPC – Instituto Internacional de Projeciologia e Conscienciologia

Fundação: 16/01/1988
Sede: Av. Felipe Wandscheer, 5.100, sala 103, Cognópolis,
CEP: 85856-530, Foz do Iguaçu, Paraná, Brasil
Tel.: (45) 2102-1448
Site: www.iipc.org.br
Contato: iipc@iipc.org.br

INTERCAMPI – Associação Internacional dos Campi de Pesquisas da Conscienciologia

Fundação: 23/07/2005
Sede: Av. Antonio Basílio, 3006, sala 602, Lagoa Nova, Natal / RN
Representação: Av. Felipe Wandscheer, 5.100, sala 102, Cognópolis,
CEP: 85856-530 – Foz do Iguaçu, Paraná, Brasil
Tel.: (84) 3211-3126
Contato: A/C de Rute Pinheiro – rutepinheiro@digizap.com.br

OIC – Organização Internacional de Conscienzioterapia

Fundação: 06/09/2003
Campus: Av. Felipe Wandscheer, 5.935, Cognópolis,
CEP: 85856-530, Foz do Iguaçu, Paraná, Brasil
Tel.: (45) 3025-1404 / 2102-1402
Site: www.oic.org.br
Contato: aco@oic.org.br

REAPRENDENTIA – Associação Internacional de Parapedagogia e Reeducação Consciencial

Fundação: 21/10/2007
Sede: Rua da Cosmoética, 1.511, Cognópolis, Caixa Postal 921, Centro,
CEP: 85851-000, Foz do Iguaçu, Paraná, Brasil
Tel.: (45) 3525-2652 – Fax: (45) 3525-5511
Site: www.reaprendentia.org
Contato: contato@reaprendentia.org.br

RECONSCIENTIA – Associação Internacional de Pesquisologia para Megaconscientização

Fundação: 02/07/2011
Sede: Felipe Wandscheer 5100, Sala 104, Discernimentum, CEP: 85856-530, Foz do Iguaçu, Paraná, Brasil
Tel.: (45) 9993-2000
Contato: pesquisologia@gmail.com

UNICIN – União das Instituições Conscienciocêntricas Internacionais

Fundação: 22/01/2005
Sede: Av. Felipe Wandscheer, 5.100, sala 105, Cognópolis, CEP: 85856-530, Foz do Iguaçu, Paraná, Brasil
Tel.: (45) 2102-1405
Site: www.unicin.org
Contato: unicin@unicin.org

UNIESCON – União Internacional de Escritores da Conscienciologia

Fundação: 23/11/2008
Sede: Av. Felipe Wandscheer, 5.100, sala 109, Cognópolis, CEP: 85856-530, Foz do Iguaçu, Paraná, Brasil
Site: www.uniescon.org
Contato: uniescon.ccci@gmail.com

TÍTULOS PUBLICADOS PELA EDITARES

TÍTULO	*AUTOR*
JK E OS BASTIDORES DA CONSTRUÇÃO DE BRASÍLIA	Alexandre Nonato
INVERSÃO EXISTENCIAL	Alexandre Nonato et. al.
REDAÇÃO E ESTILÍSTICA	Antonio Pitaguari / Marina Thomaz
CONTRAPONTOS DO PARAPSIQUISMO	Cirleine Couto
SEMPRE É TEMPO	Dalva Morem
AUTOCONSCIÊNCIA E MULTIDIMENSIONALIDADE	Dulce Daou
ANUÁRIO DA CONSCIENCIOLOGIA	Flávio Buononato
HIPERATIVIDADE EFICAZ	Graça Razera
MANUAL DO TEXTO DISSERTATIVO	Julieta Mendonça
QUALIFICAÇÕES DA CONSCIÊNCIA	Júlio Almeida
VIAGENS INTERNACIONAIS	Kátia Arakaki
DICIONÁRIO DE VERBOS CONJUGADOS	Lourdes Pinheiro / Felipe Araújo
CORAGEM PARA EVOLUIR	Luciano Vicenzi
VOLTEI PARA CONTAR	Lucy Lutfi
PROFILAXIA DAS MANIPULAÇÕES CONSCIENCIAIS	Mabel Teles
AUTOCURA ATRAVÉS DA RECONCILIAÇÃO	Málu Balona
SÍNDROME DO ESTRANGEIRO	Málu Balona
ONDE A RELIGIÃO TERMINA?	Marcelo da Luz
A PEDRA DO CAMINHO	Maria Thereza Lacerda
SÍNDROME DO OSTRACISMO	Maximiliano Haymann
DINÂMICAS PARAPSÍQUICAS	Moacir Gonçalves / Rosemary Salles
CLARIVIDÊNCIA	Rodrigo Medeiros
MANUAL DE VERBETOGRAFIA	Rosa Nader
TEORIA E PRÁTICA DA EXPERIÊNCIA FORA DO CORPO	Silda Dries
AUTENTICIDADE CONSCIENCIAL	Tony Musskopf
SEM MEDO DA MORTE	Vera Hoffmann
RETROCOGNIÇÕES	Wagner Alegretti

TÍTULO	*AUTOR*
700 EXPERIMENTOS DA CONSCIENCIOLOGIA	Waldo Vieira
CRISTO ESPERA POR TI (Edição Comentada)	
ENCICLOPÉDIA DA CONSCIENCIOLOGIA	
HOMO SAPIENS PACIFICUS	
MANUAL DA DUPLA EVOLUTIVA	
MANUAL DA PROÉXIS	
MANUAL DA TENEPES	
MANUAL DOS MEGAPENSENES TRIVOCABULARES	
NOSSA EVOLUÇÃO	
O QUE É A CONSCIENCIOLOGIA	
PROJECIOLOGIA	
PROJEÇÕES DA CONSCIÊNCIA	

Onde comprar:
www.shopcons.com

Site da editora:
www.editares.org.br

1. ÁREA DA PESQUISA:
ESTE LIVRO PESQUISA TEMAS DA *PARAPERCEPCIOLOGIA,* ESPECIALIDADE DA *CONSCIENCIOLOGIA.*

2. PRINCÍPIO DA DESCRENÇA:
NÃO ACREDITE EM NADA, NEM MESMO NAS INFORMAÇÕES EXPOSTAS NESTE LIVRO, O INTELIGENTE É FAZER PESQUISAS PESSOAIS SOBRE OS TEMAS.

EDITARES

www.ingramcontent.com/pod-product-compliance
Ingram Content Group UK Ltd.
Pitfield, Milton Keynes, MK11 3LW, UK
UKHW051030290726
14058UKWH00012B/860

9 788598 966717